中外教育名著导读书系

蔡元培教育名著导读

主编　王凌皓
编著　龚冬梅　马艳芬

吉林文史出版社

图书在版编目（CIP）数据

蔡元培教育名著导读 ／ 王凌皓主编 ；龚冬梅，马艳芬编著． —— 长春 ：吉林文史出版社，2014.7（2025.9重印）
（中外教育名著导读书系 ／ 王凌皓主编）
ISBN 978-7-5472-2249-2

Ⅰ．①蔡… Ⅱ．①王… ②龚… ③马… Ⅲ．①蔡元培
（1867～1940）－教育思想 Ⅳ．①G40-092.6

中国版本图书馆CIP数据核字（2014）第143225号

蔡元培教育名著导读

CAIYUANPEIJIAOYUMINGZHUDAODU

主编／王凌皓

编著／龚冬梅　马艳芬

责任编辑／高冰若

封面设计／李岩冰　董晓丽

印装／唐山富达印务有限公司

开本／720mm×1000mm　1/16

字数／150千字

印张／7.75

版次／2014年9月第1版　2025年9月第7次印刷

出版发行／吉林文史出版社

地址／长春市福祉大路5788号

书号／ISBN 978-7-5472-2249-2

定价／49.80元

目　录

一 导言: 蔡元培和中国教育近代化

蔡元培, 原字鹤卿, 又字子民、民友、仲申, 中国近代著名革命家、教育家、思想家、政治家。他一生致力于中国教育近代化的改革, 是研究中国教育(尤其是高等教育)近代化进程中不能绕过的重要人物。

蔡元培1868年生于浙江绍兴的一个商人家庭。蔡家虽不能称为书香门第, 但传统道德文化中的优良品质却在这个家庭得以深切体现。虽然父亲早逝, 家道中落, 但是母亲还是凭着自己的辛劳、勤俭, 节衣缩食供养子女, 并让其接受教育。所以, 蔡元培自述道: "故子民之宽厚, 为其父之遗传性, 其不苟取, 不妄言, 则得诸母教焉。"[1]

蔡元培一生求学经历数十载。作为一个新旧时代交替的知识分子, 他的受教育经历也带有那个时期独有的特点。蔡元培五岁开始入家塾读书, 中国传统的儒家经典如"四书"、"五经"等由此时开始通读。虽然传统教育为蔡元培打下了扎实的中文根基, 但是它单纯强调诵读记忆的学习方法、以科举为唯一出路的培养目标以及唯书唯师的精神束缚留给了蔡元培痛苦的回忆。正是有了这样的经历, 促使蔡元培在后来的教育实践中大胆革新, 并勇于废除封建教育制度。

1883年(清光绪九年癸未), 十七岁的蔡元培考中秀才, 从此开始了正式的科考历程。到了1889年, 二十三岁的蔡元培考中举人。1892年二十八岁的蔡元培

---

[1] 蔡元培.口述《传略》[A].高平叔.蔡元培全集(第三卷)(1917—1920)[M].北京:中华书局,1984.318.

高中进士，因殿试文采出众，被点入翰林院为庶吉士。两年后，蔡元培又被授职翰林院编修。这样一个职位与环境成为蔡元培思想与身份的转变契机，他没有沉浸在春风得意中，也没有满足沉陷于官场应酬中，借助于翰林院丰富的图书资源，沉浸于书海中的蔡元培开始了新的认识航程。这也是他与身边人的不同之处，成为他日后华丽转身的重要原因。

　　蔡元培在清政府任官期间，中国历史上发生的两件大事对于蔡元培的思想产生了震动，其一为中日甲午战争，其二为被后人称为"百日维新"的戊戌变法。19世纪末的中国早已深陷于被列强瓜分的危机。然而发生在中日之间的甲午战争还是给当时的有识之士以深深的震撼，这其中就包括蔡元培。日本仅仅是一个弹丸岛国，在变革不足半个世纪的时间内，竟然在战力、器物甚至制度上全面地超越了中国。这次战事的溃败给中国人带来的不仅是愤怒、耻辱，更多的是震惊、警醒和反思，包括蔡元培在内的很多有识之士已经意识到中国确实需要一次深刻的变革了。戊戌变法是以康有为、梁启超为代表的中国知识分子发起的、意在"变法图强、拯救危亡"的一场自上而下的改良运动。面对这样一场斗争，蔡元培虽没有投身其中，却是抱着"吾所默许"[1]的态度。然而这一运动的悲惨结局，却给了蔡元培以深深的震撼，让他在看清清廷政治已"无可希望"[2]的同时，也意识到"胪五洲之良法，为拙御易车，为拙疱更刀，必无济矣"[3]，改革必须另辟蹊径，寻找新的良途。

　　如果说甲午战争和戊戌变法是促进蔡元培后来人生转向的直接动因的话，那么接触新学、开阔新视界则是早已孕育在蔡元培思想中"求变"的动因。甲午

---

[1]　蔡元培.挽夫人王昭联[A].高平叔.蔡元培全集（第一卷）（1883—1909）[M].北京：中华书局，1984.128.

[2]　蔡元培.口述传略[A].高平叔.蔡元培全集（第三卷）（1917—1920）[M].北京：中华书局，1984.320.

[3]　蔡元培.绍兴推广学堂议[A].高平叔.蔡元培全集（第一卷）（1883—1909）[M].北京：中华书局，1984.90.

海战的失利刺激了知识分子学习西方自然科学的积极性, 蔡元培也是在此时开始从西学中寻求富国强民的方法, 当时他所接触的书籍, 大概有三方面内容: 介绍维新思想的著作, 如郑观应的《盛世危言》; 介绍别国历史与现实的书, 如马建忠的《适可斋纪言》(四卷), 宋育仁的《采风记》(三册), 李圭的《环游地球引录》; 自然科学类书籍, 如《电学源流》、《电学纲目》、《电学入门》等。这些书籍中的新思想、新内容不仅开阔了蔡元培的眼界, 丰富了他的知识, 更重要的是它们给正在为国、为己苦闷寻找不到出路的蔡元培指明了新的方向, 封建旧制已无法延续, 封建仕途也不具意义, 蔡元培毅然地舍弃了数十载的追求, 开始为自己, 更是为了国家和民族的出路而求索。

蔡元培虽然不是戊戌变法亲身参与者, 但是他对变法给予了热烈的同情和殷切的期望, 变法的惨淡收场不仅让蔡元培对清政府彻底失望, 也使得他对国家的出路有了新的谋划, "不先培养革新之人才, 而欲以少数人弋取政权, 排斥顽旧, 不能不情见势绌" [1]。于是蔡元培选择了弃官、从教、育人才的人生新途。他曾先后在绍兴中西学堂、嵊县剡山书院、南洋中学等学校任教。虽然这些学校还属于封建学堂性质, 但是蔡元培力图用新思想、新方法教导和改变学生。例如他在南洋中学的时候, 重视体操、英语、数学等科目, 要求半日学中文, 半日学英语、数学。他还开设了很多现代科目供学生选修, 如政治、法律、外交、财政、教育、哲学、科学、文学、伦理等。重视对学生的个别指导, 每日都要与班内的二三名同学提问、谈话和交流, 给予学生专业知识和思想品德以具体指导。更为重要的是, 蔡元培希望教育的学生应该是关心时局、放眼世界的新时代青年, 因此他还鼓励学生学西学, 读西方书籍。为了培养学生的思维和语言能力, 他还定期组织演说、辩论, 既可以启发学生思考, 又能够锻炼他们的语

---

[1] 蔡元培.口述传略[A].高平叔.蔡元培全集(第三卷)(1917-1920)[M].北京:中华书局, 1984.320.

言、思维。由此可见，蔡元培对于教育事业的关注和投入，已不仅仅是出于发展教育本身的需要，更是将其和国家的前途和命运紧紧相连，教育就是为国家培养革命人才，因此，这种人才应该是爱国的、求知欲望强烈的、眼界开阔的，甚至是心怀世界的。

作为一个教育家，蔡元培将学校教育和社会教育都看作是自己的革命阵地。因此，投身于学校教育之后，他又开始积极筹划社会教育。1902年，蔡元培与张元济合办《开先报》（后改为《外交报》），期望以此带动国人思想言论的进步。同年4月，他又与叶瀚、蒋智由、黄宗仰等在上海发起成立中国教育会，蔡元培出任会长。中国教育会在其章程中宣布："本会以教育中国男女青年，开发其智识而增进其国家观念，以为他日恢复国权之基础为目的。"[1] 由此可见，教育会的成立就是出于改造中国的政治目的，是为在中国建立民主共和的国家而开展教育。同年11月，南洋公学学生因受到校方压迫而集体退学。为了安置退学学生，中国教育会决定建立共和学校，后定名为爱国学社，蔡元培任学校总理。

20世纪的最初几年，蔡元培从事的主要活动有以下三类：办学校，培养革命人才；办报纸，宣传反帝、反清思想；组织教育会、参加暗杀团、建立光复会和同盟会上海分会。这一时期正是辛亥革命筹备的重要时期，蔡元培从人才储备、思想动员、组织筹备等方面为辛亥革命做出了积极的贡献。

蔡元培将满腔的热情投入到为中华民族未来而奋斗的革命浪潮中，然而像很多革命志士一样，置身在复杂、艰苦的革命斗争中，蔡元培常常感觉到迷茫和失落。暗杀活动不能顺利实施，革命力量却屡遭重创，革命同志的分歧、内部争斗，再加上作为一介学者本身的一些局限，蔡元培对革命方式和革命前途产生了困惑，在此时他选择了暂时的离开，他希望能够开阔自己的视野，丰富自己的

---

[1] 《中国教育会第一次章程》，[J].选报,1902 (7).21.

思想，为中国寻找一条更加适合的道路。1907年，蔡元培来到了德国，希望能在那里获得更具体、更丰富的西方资产阶级文化，希望能在那里为自己热爱的祖国找到一条重获生机的出路。蔡元培在德国期间学习著述双丰收，同时也大量了解了德国以及西方的学术思想，为后来回到国内进行教育改革打下了良好的理论基础。留德期间的蔡元培虽然身在异国他乡，但是心念华夏，时刻关怀着国家民族的命运，密切注意国内革命形势的变化，通过向国内宣传和争取外国人的同情来支持国内的革命。

1911年11月上旬，蔡元培回国。1912年1月3日，蔡元培就任中华民国临时政府教育总长，随后在较短的时间内，蔡元培及教育部的同仁们先后颁布了30多项法令和规章。在当时民国已经创立的情况下，却没有自己独立的教育方针，社会上很多人士呼吁教育部总长早日定夺好教育方针，以使教育有章可循。于是蔡元培亲自撰写了《对于新教育之意见》（后改题为《对于教育方针之意见》），于1912年2月11日在临时政府的公报上正式刊出。这是一篇指导民国初年教育改革的纲领性文献。这篇文献对整个中国的近代教育乃至现代教育产生了深刻而持久的影响。蔡元培在文章中对清朝学部1906年规定的忠君、尊孔、尚公、尚武、尚实的五项宗旨加以修订，提出新的教育方针为军国民教育、实利主义教育、公民道德教育、世界观教育和美感教育。

在袁世凯就任总统后，蔡元培复任教育部总长，并对教育部进行了改革和调整。蔡元培在北京教育部任职期间，与同仁一起，致力于改革前清教育积习，建立新的教育秩序的工作。蔡元培决定整顿学务，并认为整顿学务的突破口是大学，同年5月，蔡元培开始改北京大学堂为北京大学校，同时对高等教育进行改革与整顿，努力摆脱封建主义对高等教育的影响，同时致力于提高高等教育的质量。蔡元培对大学教育的若干新规定对于当时的教育改革起到了一个引领的作用。蔡元培虽然继任教育总长，但是在袁世凯力图窃取国柄的情况下，蔡元培不愿充当"伴食之内阁",于1912年7月14日愤然辞职。在辞去教育总长之前夕,蔡元培主持召开了第一次全国临时教育会议,这既巩固了辛亥革命以来教育改革的成果,又为后人继续进行教育改革奠定良好基础,是承前启后、继往开来,具有历史意义的一次关键性的会议。会议于1912年7月10日在北京开幕,在会议上通过的议案有23件,使资产阶级教育制度的许多原则问题开始在我国确立,并且以法律的形式加以固定下来,获得社会的承认。这时制定的中国教育制度,历史上称为"壬子癸丑学制",对我国近代教育的发展具有深远的影响。如后来一直沿用的普通教育"六三三"学制就是那时确定下来的。

1913年9月蔡元培携家人离开上海,历经一个多月的航程到达法国马赛。在法国期间,蔡元培在学习法语、写作的同时积极致力于促进中法文化的交流。他与李石曾、吴稚晖、吴玉章、汪兆铭等组织勤工俭学会,并与法国友好人士共同建立华法教育会,推动了留法勤工俭学的有效开展,蔡元培既是勤工俭学的实践者,又是支持者。蔡元培等人组织的留法勤工俭学对促进中法文化交流,为中国人民学习西方文明,吸收西方近代科学知识做出了重要的贡献。

蔡元培于1916年11月回国,12月26日,北洋政府任命蔡元培为国立北京大学校长。当时关于蔡元培是否应该就任北京大学校长一事其友人意见不一,蔡元培向孙中山登门求教后毅然决定从上海北上赴任,1917年1月4日,蔡元培到北京大学视事,开始了他人生中最值得大书特书的一段历史。

蔡元培在执掌北京大学期间,对北京大学所做的改革主要有以下几个方面:第一,确定办学宗旨,整顿学风校风。蔡元培于1917年1月9日发表了《就任北京大学校长之演说》,提出北京大学的办学宗旨是"大学者,研究高深学问者也"。然后针对北大陈腐散漫的旧学风和校风,对学生提出了"抱定宗旨,砥砺德行,敬爱师友"的三个明确要求,让学生明确了求学的目的,在为他们的求学指路的同时,也为北京大学未来的性质确定了方向。第二,延聘专家学者,改革教师队伍。1917年7月，张勋复辟，蔡元培愤而辞职，7月23日蔡元培在各界的力邀下复职，继续北大之未尽改革。此次改革的主要指导思想是"思想自由，兼容并包"，从"兼容并包"的思想出发，进行教师队伍建设。他辞退了不合格的教师，延聘一大批积学热心、学有专长的教员，允许各门各派自由发展。蔡元培的"兼容并包"方针是："无论何种学派，苟其持之有故、言之成理者，兼容并包，听其自由发展。"正是在这一精神的指导下，使北大学者云集，百家争鸣，各展所长，使北京大学学术研究的氛围浓厚，既为学生的成长提供了良好的环境，也为以后北京大学成为新文化运动的主阵地奠定了良好的基础。第三，改革教学体制，实行选科制。蔡元培改革学科设置，使北大成为文理法三科大学，并成立了文、理、法三科研究所，首开国内大学设立研究所之先河，推动了我国高等教育学术水平的提高。为了方便文理科学生相互沟通，蔡元培在北大实施废科设系。他在北大废除文理法各科的界限，设14个系，加强了社会科学和自然科学之间的联系。在蔡元培的主持下，选科制于1917年在文科试行，两年后在文理科陆续实行。第四，改革学校领导管理体制。蔡元培在北京大学设立评议会和行政会议，各科（系）教授会，教务会议和教务处，总务处，从而改变了旧式大学堂的衙门作风，调动了各科专家学者的积极性，提高了行政工作效率，克服了分散状态，推动了北大向近代新型大学的转变。

在任职北京大学校长期间，蔡元培于1920年12月至1921年9月赴欧美各国考察了10个月。1922年12月23日，中华教育改进社成立，蔡元培被推为董事长。1922年3月20日，发表《教育独立议》一文。蔡元培9月被推为学制会议主席，主持审订"新学制"。1923年1月，蔡元培因"罗文干案"而愤然离校出京，发表《不合作宣言》。1923年7月20日，再度离沪赴欧。在他出国期间，北大校长由蒋梦麟代理。1926年2月3日，蔡元培自国外抵达上海。1927年8月，奉系军阀政府颁布张作霖大元帅令，正式成立京师大学校，将北京大学并入，改为京师大学校文、理两科，由教育总长刘哲兼任校长，蔡元培北大校长名义，于是时被取消。蔡元培在任北大校长期间，还兼任数所学校的校长和教授。

1927年"四一二"反革命政变前后，蔡元培以国民党中央监察委员的身份，主持"四一二"反革命政变前后召开的国民党中央监察委员会会议，站到了拥蒋反共一边，走过了一段曲折的道路。蔡元培于4月27日被任命为国民政府教育行政委员会委员。6月17日，又被任命为大学院院长。大学院为全国最高学术教育行政机关，由蔡元培等提议，经国民党中央政治会议通过，于10月1日正式成立，蔡元培宣誓就任中华民国大学院院长。在主张中央设立大学院的同时，蔡元培呈请国民政府改变地方教育行政制度，仿效法国，实行大学区制。国民党中央政治会议批准了蔡元培实行大学区制的呈请，并在江苏、浙江两省试行。1928年8月，又建立了北平大学区。由此可知，蔡元培提出大学院制和大学区制，意在改变教育行政的腐败官僚习气，使教育行政学术化。无疑，这是一种良好的愿望。但实施的结果不能令人满意，蔡元培也遭到种种非难。1928年8月14日，国民党二届五中全会议决定设置教育部。翌年6月，国民政府决定停止大学区制。蔡元培亦于1928年8月17日提出辞去大学院院长等本兼各职。蔡元培在大学院院长任内，除了推行大学区制这一不成功的尝试之外，也做了一些有积极意义的事。1928年2月21日，大学院通令全国一律废止春秋祀孔。7月26日，通电提倡语体文，小学校一律用语体文教学，初中入学考试，不考文言文等。蔡元培自辞去大学院院长及代理司法部长等职后，专任中央研究院院长。自1928年4月建院至1940年3月溘然去世，历时13年。他呕心沥血，惨淡经营，从无到有，建立了物理、化学等十个研究所，罗致了大批有为和进步的专家学者，使中国的学术事业，尤其是基础薄弱的科学事业，有了一定发展，这是蔡元培晚年的另一重要贡献。

蔡元培在"四一二"反革命政变前后参加过"清共"的运动，但是，当蒋介石反人民的面目进一步暴露后, 蔡元培很快回到了民主主义的道路上来。在他的晚年, 蔡元培一直致力于支持抗日事业和促进国共两党合作。1940年3月5日, 蔡元培在香港病逝。蔡元培一生追求真理, 献身祖国, 不愧是中国知识分子的一位优秀代表。他逝世后, 中国共产党中央和毛泽东发出唁电, 中共中央说他"为革命奋斗四十余年, 为发展中国教育文化事业勋劳卓著。培植无数革命青年, 促成国共两党合作"。毛泽东称他为"学界泰斗, 人世楷模"。4月14日, 延安各界千余人隆重举行了追悼大会, 毛泽东送了题为"老成凋谢"的挽联。

二 名著和导读

（一）《对于新教育之意见》

近日在教育部与诸同人新草学校法令，以为征集高等教育会议之预备，颇承同志饷以谠论。顾关于教育方针得殊寡，辄先述鄙见以为嚆引，幸海内教育家是正之。

教育有二大别：曰隶属于政治者，曰超轶乎政治者。专制时代（兼立宪而含专制性质者言之），教育家循政府之方针以标准教育，常为纯粹之隶属政治者。共和时代，教育家得立于人民之地位以定标准，乃得有超轶政治之教育。清之季世，隶属政治之教育，腾于教育家之口者，曰军国民教育。夫军国民教育者，与社会主义僢驰，在他国已有道消之兆。然在我国，则强邻交逼，亟图自卫，而历年丧失之国权，非凭借武力，势难恢复。且军人革命以后，难保无军人执政之一时期，非行举国皆兵之制，将使军人社会，永为全国中特别之阶级，而无以平均其势力。则如所谓军国民教育者，诚今日所不能不采者也。

虽然，今之世界，所恃以竞争者，不仅在武力，而尤在财力。且武力之半，亦由财力而孳乳。于是有第二之隶属政治者，曰实利主义之教育，以人民生计为普通教育之中坚：其主张最力者，至以普通学术，悉寓于树艺、烹饪、裁缝及金、木、土工之中。此其说创于美洲，而近亦盛行于欧陆。我国地宝不发，实业界之组织尚幼稚，人民失业者至多，而国甚贫。实利主义之教育，固亦当务之急者也。

是二者，所谓强兵富国之主义也。顾兵可强也，然或溢而为私斗，为侵略，则奈何？国可富也，然或不免知欺愚，强欺弱，而演贫富悬绝，资本家与劳动家血战之惨剧，则奈何？曰教之以公民道德。何谓公民道德？曰法兰西之革命也，所标揭者，曰自由、平等、亲爱。道德之要旨，尽于是矣。孔子曰：匹夫不可夺志。孟子曰：大丈夫者，富贵不能淫，贫贱不能移，威武不能屈。自由之谓也。古者盖谓之义。孔子曰：己所不欲，勿施于人。子贡曰：我不欲人之加诸我也，吾亦欲毋加诸人。《大学·礼记》曰：所恶于前，毋以先后；所恶于后，毋以从前；所恶于右，毋以交于左；所恶于左，毋以交于右。平等之谓也。古者盖谓之恕。自由者，就主观而言之也。然我欲自由，则亦当尊人之自由，故通于客观。平等者，就客观而言之也。然我不以不平等遇人，则亦不容人之以不平等遇我，故通于主观。二者相对而实相成，要皆由消极一方面言之。苟不进之以积极之道德，则夫吾同胞中，固有因生禀之不齐，境遇之所迫，企自由而不遂，求与人平等而不能者。将一切恝置之，而所谓自由若平等之量，仍不能无缺陷。孟子曰：鳏寡孤独，天下之穷民而无告者也。张子曰：凡天下疲癃残疾、茕独鳏寡，皆吾兄弟之颠连而无告者也。禹思天下有溺者，由己溺之；稷思天下有饥者，由己饥之。伊尹思天下之人，匹夫匹妇有不与被尧舜之泽者，若己推而纳之沟中。孔子曰：己欲立而立人，己欲达而达人。亲爱之谓也。古者盖谓之仁。三者诚一切道德之根源，而公民道德教育之所有事者也。

教育而至于公民道德，宜若可为最终之鹄的矣。曰未也。公民道德之教育，犹未能超轶乎政治者也。世所谓最良政治者，不外乎以最大多数之最大幸福为鹄的。最大多数者，积最少数之一人而成者也。一人之幸福，丰衣足食也，无灾无害也，不外乎现世之幸福。积一人幸福而为最大多数，其鹄的犹是。立法部之所评议，行政部之所执行，司法部之所保护，如是而已矣。即进而达《礼运》之所谓大道为公，社会主义家所谓未来之黄金时代，人各尽所能，而各得其所需要，要亦不外乎现世之幸福。盖政治之鹄的，如是而已矣。一切隶属政治之教育，充其量亦如是而已矣。

虽然，人不能有生而无死。现世之幸福，临死而消灭。人而仅仅以临死消灭之幸福为鹄的，则所谓人生者有何等价值乎？国不能有存而无亡，世界不能有成而无毁，全国之民，全世界之人类，世世相传，以此不能不消灭之幸福为鹄的，则所谓国民若人类者，有何等价值乎？且如是，则就一人而言之，杀身成仁也，舍生取义也，舍己而为群也，有何等意义乎？就一社会而言之，与我以自由乎，否则与我以死，争一民族之自由，不至沥全民族最后之一滴血不已，不至全国为一大冢不已，有何等意义乎？且人既无一死生破利害之观念，则必无冒险之精神，无远大之计划，见小利，急近功，则又能保其不为失节堕行身败名裂之人乎？谚曰："当局者迷，旁观者清。"非有出世间之思想者，不能善处世间事，吾人即仅仅以现世幸福为鹄的，犹不可无超轶现世之观念，况鹄的不止于此者乎？

以现世幸福为鹄的者，政治家也；教育家则否。盖世界有二方面，如一纸之有表里：一为现象，一为实体。现象世界之事为政治，故以造成现世幸福为鹄的；实体世界之事为宗教，故以摆脱现世幸福为作用。而教育者，则立于现象世界，而有事于实体世界者也。故以实体世界之观念为其究竟之大目的，而以现象世界之幸福为其达于实体观念之作用。

然则现象世界与实体世界之区别何在耶？曰：前者相对，而后者绝对；前者范围于因果律，而后者超轶乎因果律；前者与空间时间有不可离之关系，而后者无空间时间之可言；前者可以经验，而后者全恃直观。故实体世界者，不可名言者也。然而既以是为观念之一种矣，则不得不强为之名，是以或谓之道，或谓之太极，或谓之神，或谓之黑暗之意识，或谓之无识之意志。其名可以万殊，而观念则一。虽哲学之流派不同，宗教家之仪式不同，而其所到达之最高观念皆如是。（最浅薄之唯物论哲学，及最幼稚之宗教祈长生求福利者，不在此例）

然则，教育家何以不结合于宗教，而必以现象世界之幸福为作用？曰：世固有厌世派之宗教若哲学，以提撕实体世界观念之故，而排斥现象世界。因以现象世界之文明为罪恶之源，而一切排斥之者。吾以为不然。现象实体，仅一世界之两方面，非截然为互相冲突之两世界。吾人之感觉，既托于现象世界，则所谓实体者，即在现象之中，而非必灭乙而后生甲。其现象世界间所以为实体世界之障碍者，不外二种意识：一、人我之差别，二、幸福之营求是也。人以自卫力不平等而生强弱，人以自存力不平等而生贫富。有强弱贫富，而彼我差别之意识起。弱者贫者，苦于幸福之不足，而营求之意识起。有人我，则于现象中有种种之界画，而与实体违。有营求则当其未遂，为无已之苦痛。及其既遂，为过量之要索。循环于现象之中，而与实体隔。能剂其平，则肉体之享受，纯任自然，而意识界之营求泯，人我之见亦化。合现象世界各别之意识为浑同，而得与实体吻合焉。故现世幸福，为不幸福之人类到达于实体世界之一种作用，盖无可疑者。军国民、实利两主义，所以补自卫自存之力之不足。道德教育，则所以使之互相卫互相存，皆所以泯营求而忘人我者也。由是而进以提撕实体观念之教育。

提撕实体观念之方法如何？曰：消极方面，使对于现象世界，无厌弃而亦无执著；积极方面，使对于实体世界，非常渴慕而渐进于领悟。循思想自由言论自由之公例，不以一流派之哲学一宗门之教义梏其心，而惟时时悬一无方体无始终之世界观以为鹄。如是之教育，吾无以名之，名之曰世界观教育。

虽然，世界观教育，非可以旦旦而聒之也。且其与现象世界之关系，又非可以枯槁单简之言说袭而取之也。然则何道之由？曰美感之教育。美感者，合美丽与尊严而言之，介乎现象世界与实体世界之间，而为津梁。此为康德所创造，而嗣后哲学家未有反对之者也。在现象世界，凡人皆有爱恶惊惧喜怒悲乐之情，随离合生死祸福利害之现象而流转。至美术则即以此等现象为资料，而能使对之者，自美感以外，一无杂念。例如采莲煮豆，饮食之事也，而一入诗歌，则别成兴趣。火山赤舌，大风破舟，可骇可怖之景也，而一入图画，则转堪展玩。是则对于现象世界，无厌弃而亦无执著也。人既脱离一切现象世界相对之感情，而为浑然之美感，则即所谓与造物为友，而已接触于实体世界之观念矣。故教育家欲由现象世界而引以到达于实体世界之观念，不可不用美感之教育。

五者，皆今日之教育所不可偏废者也。军国民主义，实利主义，德育主义三者，为隶属于政治之教育。（吾国古代之道德教育，则间有兼涉世界观者，当分别论之）世界观、美育主义二者，为超轶政治之教育。

以中国古代之教育证之，虞之时，夔典乐而教胄子以九德，德育与美育之教育也。周官以卿三物教万民，六德六行，德育也。六艺之射御，军国民主义也。书数，实利主义也。礼为德育，而乐为美育。以西洋之教育证之，希腊人之教育为体操与美术，即军国民主义与美育也。欧洲近世教育家，如海尔巴脱氏纯持美育主义。今日美洲之杜威派，则纯持实利主义者也。

以心理学各方面衡之，军国民主义毗于意志；实利主义毗于知识；德育兼意志情感二方面；美育毗于情感；而世界观则统三者而一之。

以教育界之分言三育者衡之，军国民主义为体育；实利主义为智育；公民道德及美育皆毗于德育；而世界观则统三者而一之。

以教育家之方法衡之，军国民主义，世界观，美育，皆为形式主义；实利主义为实质主义；德育则二者兼之。

譬之人身；军国民主义者，筋骨也，用以自卫；实利主义者，胃肠也，用以营养；公民道德者，呼吸机循环机也，周贯全体；美育者，神经系也，所以传导；世界观者，心理作用也，附丽于神经系，而无迹象之可求。此即五者不可偏废之理也。

本此五主义而分配于各教科，则视各教科性质之不同，而各主义所占之分数亦随之而异。国语国文之形式，其依准文法者属于实利，而依准美词学者，属于美感。其内容则军国民主义当占百分之十，实利主义当占其四十，德育当占其二十，美育当占其二十五，而世界观则占其五。

修身，德育也，而以美育及世界观参之。

历史、地理,实利主义也。其所叙述,得并存各主义。历史之英雄,地理之险要及战绩,军国民主义也;记美术家及美术沿革,写各地风景及所出美术品,美育也;记圣贤,述风俗,德育也;因历史之有时期,而推之于无终始,因地理之有涯涘,而推之于无方体,及夫烈士、哲人、宗教家之故事及遗迹,皆可以为世界观之导线也。

算学,实利主义也,而数为纯然抽象者。希腊哲人毕达哥拉士以数为万物之原,是亦世界观之一方面;而几何学各种线体,可以资美育。

物理化学,实利主义也。原子电子,小莫能破,爱耐而几(Energy),范围万有,而莫知其所由来,莫穷其所究竟,皆世界观之导线也;视官听官之所触,可以资美感者尤多。

博物学,在应用一方面,为实利主义;而在观感一方面,多为美感。研究进化之阶段,可以养道德,体验造物之万能,可以导世界观。

图画,美育也,而其内容得包含各种主义:如实物画之于实利主义,历史画之于德育是也。其至美丽、至尊严之对象,则可以得世界观。

唱歌,美育也,而其内容,亦可以包含种种主义。

手工,实利主义也,亦可以兴美感。

游戏,美育也;兵式体操,军国民主义也;普通体操,则兼美育与军国民主义二者。

上之所著,仅具辜较,神而明之,在心知其意者。

清代,有所谓钦定教育宗旨者,曰忠君,曰尊孔,曰尚公,曰尚武,曰尚实。忠君与共和政体不合,尊孔与信教自由相违(孔子之学术,与后世所谓儒教、孔教当分别论之。嗣后教育界何以处孔子,及何以处孔教,当特别讨论之,兹不赘),可以不论。尚武,即军国民主义也。尚实,即实利主义也。尚公,与吾所谓公民道德,其范围或不免有广狭之异,而要为同意。惟世界观及美育,则为彼所不道,而鄙人尤所注重，故特疏通而证明之，以质于当代教育家，幸教育家平心而讨论焉。

（据《临时政府公报》第13号，1912年2月11日出版）

《对于新教育之意见》发表于1912年2月8日，此时蔡元培刚刚接受了中华民国教育部部长的任命。因此《意见》既可以看作是蔡元培个人对于资产阶级教育的理解和阐释，同时也是作为教育行政的最高长官为中华民国新教育草拟的发展蓝图和宏景。

1912年初，中华民国成立伊始，全国上下面临资产阶级事业全面开展。在教育领域内，改革封建旧教育，建立资产阶级新教育体系是当时面临的主要任务。而在此之前，需要明确资产阶级教育的性质、宗旨和目标，蔡元培的《对于新教育之意见》就是在这样的背景下产生的。

《意见》的开始，蔡元培就抛出了一个教育属性的问题。蔡元培认为，教育有两大类别，或隶属于政治，或超轶于政治，隶属于政治的教育是专制时代的产物，而超轶于政治之教育则是共和时代的产物。毫无疑问，按照他的观点中华民国的教育应该是超轶于政治的教育。我们应该如何理解蔡元培的这一观点呢？教育难道不是政治体制下的社会活动吗？难道在国家范畴内还存在着可以独立于政治的教育吗？作为一个在教育领域有多年实践经历、又是新晋的教育领域的最高政府官员，他怎会产生教育"超轶于政治"的思想呢？

在此，需要首先明确蔡元培"超轶"的初衷。蔡元培认为，政治与教育有不同的宗旨。对于政治而言，"最良政治者，不外乎以最大多数之大幸福为鹄的"。即追求最多数人的最大幸福。而这个追求是由构成这个最大多数的每个人的幸福组成的。那么个人的幸福又是什么呢？无非是"丰衣足食，无灾无害"，是一种现世的幸福。这样，隶属于政治之下的教育，也是寻求现世幸福之教育。

然而在蔡元培看来，人生的意义、教育的宗旨绝不仅仅是追求生活的满足和现世的幸福，"就一人而言之，杀身成仁也，舍生取义也，舍己而为群也，有何等意义乎？就一社会而言之，与我以自由乎，否则与我以死，争一民族之自由，不至沥全民族最后之一滴血不已，不至全国为一大冢不已，有何等意义乎？"因此，它是一种抛舍小己成就大家，牺牲个体成就群体的一种更高层次的追求和价值，譬如民族的自由、国家的复兴。

由此可见，蔡元培看到政治和教育的追求和使命是不同的，"以现世幸福为鹄的者，政治家也；而教育家则否。"这也表明了蔡元培对于教育性质的认识，它不仅为人生谋职业，不仅为未来生活做准备，更应该超越了个人的幸福和满足后，为更大群体和多数人谋求福利和幸福的目标。因而，从这个意义上来看，教育的属性应该超越于政治。

事实上，从此前蔡元培的教育实践中，我们的确可以看到他对这一教育宗旨的践行。无论是在绍兴中西学堂，还是在南洋公学等校，在培养学生的过程中，他不仅关注学生获取新知识、新方法，增长学生见识，开阔学生眼界，更强调培养青年学生的爱国精神。无论在课堂讲授，还是在课外谈话中，他都时时激扬爱国思想，强调民权学说，重视精神教育。这就是身为中华民国教育部长的蔡元培对于教育宗旨的认识，可以说，这一认识承载了蔡元培高尚的教育理想和远大的人生追求，也使得蔡元培将自己以及广大的青年学生与这个民族和国家的命运紧紧地联系在一起，并在教育领域辛苦耕耘。

实利主义教育，就是我们通常所说的智育。蔡元培将实利主义教育看作富国的手段，在实利主义教育中，强调要注意科学文化知识的学习，重视基础教育，注意发展学生智能，使他们掌握从事社会生产生活的知识技能。

公民道德教育，即我们今天所谓的德育。蔡元培将其视为五育之中坚，可见其对德育的重视。那么蔡元培所提倡的道德教育与封建社会的道德教育有何区别呢？蔡元培主张法兰西革命所主张的自由、平等、亲爱之德。相对于中国传统社会所主张的三纲五德之教育内容，显然要进步得多。

蔡元培的世界观教育是建立在其对两个世界的划分的基础之上。他认为，世界可以分为"现象世界"和"实体世界"。世界观教育的任务就是沟通"现象世界"与"实体世界"。透过世界观教育，使人们对"现象世界"的事物、物质生活和人类幸福既不厌弃也不迷恋，对于最高精神境界的"实体世界"，具有渴望追求的心理，以期达到思想自由、意志自由的"理想王国"，并具有"实体世界"之观念。

蔡元培是中国近代史中首位提出美感教育的教育家。他将美育定义为"应用美学为之理论于教育，以陶养感情为目的者也"。他将美育视为培养健全人格必不可少的内容。因此，蔡元培在教育活动中十分重视美育，从而对中国美感教育的实施产生了重大影响。

军国民教育，就是我们今天所讲的体育。从蔡元培的论述中我们可知，他将军国民教育提升到保家卫国、强兵的手段。在军国民教育中，蔡元培主张对学生进行军事训练和体育锻炼，使他们具有武装自卫的能力和健康的身体。

在谈到这五种教育的关系时，蔡元培认为："五育以公民道德为中坚，盖世界观及美育皆所以完成道德，而军国民教育及实力主义教育，则必以道德为根本。"即蔡元培认为世界观教育和美育是为了完成道德教育，军国民教育和实利主义教育又必须以道德教育为核心。由此可见，蔡元培的"五育并举"的教育方针，其实质是以资产阶级道德为中心的德智体美各育和谐发展的思想。

蔡元培"五育并举"的教育方针，适应了辛亥革命后资产阶级改革封建教育的需要，反映了资产阶级在巩固政权和发展资本主义经济方面对于人才培养提出的要求，具有反封建教育的积极意义。此后，蔡元培的"五育并举"的思想，成为中国资产阶级创建新的教育体制的认识基础，成为中国近代第一个资产阶级教育宗旨的理论基石。

1912年9月，教育部公布《教育宗旨令》，定教育宗旨为"注重道德教育，以实力教育、军国民教育辅之，更以美感教育完成其德。"可以看出，它基本上是根据蔡元培的教育思想而制定的。

（二）《全国临时教育会议开会词》

今日之临时教育会议，即中华民国成立以后第一次之中央教育会议。此次会议，关系甚为重大，因有此次会议，而将来之正式中央教育会议，即以此次会议为托始。且中国政体既然更新，即社会上一般思想，亦随之改革；此次教育会议，即是全国教育改革的起点。此次议决事件，如果能件件实行，固为重要关系；即使间有不能实行者，然为本会已经议决之案，将来亦必有影响。诸君有远来者，即或在近处者，亦是拔冗而来，均以此次会议关系重大之故。

民国教育与君主时代之教育，其不同之点何在？君主时代之教育方针，不从受教育者本体上着想，用一个人主义或用一部分人主义，利用一种方法，驱使受教育者迁就他之主义。民国教育方针，应从受教育者本体上着想，有如何能力，方能尽如何责任；受如何教育，始能具如何能力。从前瑞士教育家（沛斯泰洛奇）有言：昔之教育，使儿童受教于成人；今之教育，乃使成人受教于儿童。何谓成人受教于儿童？谓成人不敢自存成见，立于儿童之地位而体验之，以定教育之方法。民国之教育亦然。君主时代之教育，不外利己主义。君主或少数人结合之政府，以其利己主义为目的物，乃揣摩国民之利己心，以一种方法投合之，引以迁就于君主或政府之主义。如前清时代承科举余习，奖励出身，为驱诱学生之计；而其目的，在使受教育者皆富于服从心、保守心，易受政府驾驭。现在此种主义，已不合用，须立于国民之地位，而体验其在世界、在社会有何等责任，应受何种教育。

社会逃不出世界，个人逃不出社会。世界尚未大同，社会与世界之利害未能完全一致。国家为社会之最大者，对于国家之责任与对于世界之责任，未必无互相冲突之时，犹之对于家庭之责任与对于国家之责任，不能无冲突也。国家、家庭两种责任，不得兼顾，常牺牲家庭以就国家；则对于国家之责任，自以与对世界之责任无冲突者为范围，可以例而知之。至于人之恒言，辄曰权利、义务。而鄙人所言责任，似偏于义务一方面，则以鄙人对于权利、义务之观念，并非相对的。盖人类上有究竟之义务，所以克尽义务者，是谓权利；或受外界之阻力，而使不克尽其义务，是谓权利之丧失。是权利由义务而生，并非对待关系。而人类所最需要者，即在克尽其种种责任之能力，盖无可疑。由是教育家之任务，即在为受教育者养成此种能力，使能尽完全责任，亦无可疑也。

当民国成立之始，而教育家欲尽此任务，不外乎五种主义，即军国民教育、实利主义、公民道德、世界观、美育是也。五者以公民道德为中坚，盖世界观及美育皆所以完成道德，而军国民教育及实利主义，则必以道德为根本。我国人本以善营业闻于世界。侨寓海外，忍非常之困苦，以致富者常有之，是其一例。所以不免为贫困者，因人民无道德心，不能结合为大事业，以与外国相抗；又不求自立而务侥幸。故欲提倡实利主义，必先养其道德。至于军国民主义之不可以离道德，则更易见。我国从前有勇于公战，怯于私斗之语。现在军队时生事端，何尝非尚武之人由无道德心以裁制之故耳。教育者，非为已往，非为现在，而专为将来。从前言人才教育者，尚有十年树木、百年树人之说，可见教育家必有百世不迁之主义，如公民道德是。其他因时势之需要，而亦不能不采用，如实利主义及军国民主义是也。吾人会议之时，不可不注意。

又有一层，我中国人向有一弊，即是自大；及其反动，则为自弃。自大者，保守心太重，以为我中国有四千年之文化，为外国所不及，外国之法制皆不足取；及屡经战败，则转而为崇拜外人，事事以外国为标准，有欲行之事，则曰是某某国所有也。遇不敢行之事，则曰某某等国尚未行者，我国又何能行？此等几为议事者之口头禅，是由自大而变为自弃也。普通教育废止读经，大学校废经科，而以经科分入文科之哲学、史学、文学三门，是破除自大旧习之一端。

至现在我等教育规程，取法日本者甚多。此并非我等苟且，我等知日本学制本取法欧洲各国。惟欧洲各国学制，多从历史上渐演而成，不甚求其整齐划一，而又含有西洋人特别之习惯；日本则变法时所创设，取西洋各国之制而折中之，取法于彼，尤为相宜。然日本国体与我不同，不可不兼采欧美相宜之法。即使日本及欧美各国尚未实行，而教育家正在鼓吹者，我等亦可采而行之。我等须从原理上观察，可行则行，不必有先我而为之者。例如十三个月之年历，十二音符之新乐谱，在欧美各国为习惯所限，明知其善而尚未施行，我国亦不妨先取而行之。学制之中，间亦有类此者。

此刻教育部预备之议案，大约有四十余种之多。第一类，是学校系统；第二类，是各学校令及规程；第三类，教育行政之关系；第四类，学校中详细规则；第五类，大概含有社会教育性质。

其中有一大问题，是国语统一办法。现在有人提议：初等小学宜教国语，不宜教国文。既要教国语，非先统一国语不可；然而，中国语言各处不同，若限定以一地方之语言为标准，则必招各地方之反对，故必有至公平之办法。国语既一，乃可定音标。从前中央教育会虽提出此案，因关系重要，尚未解决。

此外，又有种种问题，不能单从教育界解决者。如前清学部主张中学以上由中央政府直辖；中学以下，归地方政府管辖。日昨有几位谈及，谓废府以后，中学校应归省立或县立。此等须俟地方官制颁布后，始能规定。现在只能假定一划分之方法，即如中等以上教育，取给于国家税，或以国家产业作基本金；中等以下，取给于地方税，或用地方产业作基本金。亦只能为假定之方法。

诸君此次来京，想亦有许多议案提出。期间与本部及他议员提出之问题略同者，可以合并讨论。此次临时教育会议，时期甚短，而议案至多。若讨论过于烦琐，恐耽误时间，不能尽议。盖诸君多半担任教育事务者，即使延会，恐亦不能过于延长。所以，希望诸君于议案之排列，将重要者提前开议。又每案之中，先摘出重要诸点，详细讨论；其他无关宏旨者，不妨姑略之。鄙人今日所欲言者止此。

（据《教育杂志》第4卷第6号，1912年9月出版）

《全国临时教育会议开会词》是1912年7月10日蔡元培在北京召开的全国临时教育会议时致的开幕词。这篇文章承袭了蔡元培的"五育并举"的思想，对"五育并举"五育之间的关系进行了具体的阐释，同时也指出了资产阶级民主主义教育与封建教育的区别，对于当时厘清共和时代的教育与君主时代的教育的区别有着重要的贡献，对于今天我们培养全面和谐发展的人才也有重要的参考价值。

在文中，蔡元培首先简明扼要地阐述了会议的重要性，"是全国教育改革的起点"，以引起与会人士的重视。然后开门见山地提出民国教育与君主时代的教育的不同点在什么地方，接着进行了精辟的回答。蔡元培认为君主时代的教育方针不会从受教育者本体出发，不会考虑到受教育者的能力、个性和其教育发展之间的关系，专制时代的教育方针立足的是"一个人主义"或者"一部分人主义"，而民国教育方针，应该从受教育者本体上着想，将个体具备的能力和其承担的责任挂钩，蔡元培也指出个人的能力和个人所受的教育是相互联系的，接下来他引用裴斯泰洛奇的话来论证共和时代的教育应该具有的特点，共和时代的教育应该是成人站在儿童的角度去思考，去体验，在全面了解儿童的身心发展特点后来确定适合儿童的教育方法。亦即共和时代的教育应该尊重儿童，解放儿童的个性，让儿童能够自由发展，而君主时代的教育是用奖励出身来驱驭学生，培养学生的保守与服从的品质，而不是培养真正的国民。

蔡元培从个人、国家、世界的关系出发论述了彼此责任的范围，然后论述了人的权利和义务相联系的观点，接着论述了教育家的任务就是培养受教育者尽完全责任的能力。如何培养这种人呢？如何才能够完成这项任务呢？在现有的民国刚刚建立的条件下，就是在教育界实行"五种主义"，即军国民教育、实利主义、公民道德、世界观、美育。然后蔡元培阐述了五种教育之间的相互关系，指出"五者以公民道德为中坚，盖世界观及美育皆所以完成道德，而军国民教育及实利主义，则必以道德为根本。这种"五育并举"的新教育制度，不仅在教育领域，而且在整个思想和文化领域里对封建专制主义起了积极的冲击作用，它有力地打破了长期以来封建主义对人们的束缚，对促进人们思想和个性的解放、对社会的改良都具有直接的意义，并且为培养近代国家所需要的人才指明了方向。它是蔡元培进行教育改革的总体指导思想，也是他谋求建立近代中国教育体制的重要理论基础。他认为如果没有公民道德，则富国强兵不只不能得其利，反而会得其害。盖兵强又可利用为私斗、为侵略，国富可以演成智欺愚、强欺弱、阶级斗争等惨剧。蔡元培接着提出教育者的使命，教育者们应该专为将来，应该是面向未来的，应该把眼光放得长远一点。同时也指出了教育家们既要考察历史，吸收历史中那些精华的长久不衰的思想，同时也要审时度势，考虑到时代的变化与要求，以制定出合理的教育政策。

然后蔡元培论及了对待传统文化和外来文化的态度，既不能自大也不能自弃；对待别国的教育经验与规程，也需要考察其历史与原理，考察其是否适合我国的国情，如适合则可以为我国所用。最后蔡元培讲述了讨论议案的方式。

（三）《养成优美高尚思想——在上海城东女学演说词》

今日蒙杨先生约弟到此，弟以为可听诸教习先生及来宾诸先生之伟论，故欣然而来。讵知杨先生专诚为弟开欢迎会，殊不敢当。今当先向杨先生及在座诸君道谢。演说未曾预备，傀无嘉言可贡。今谨竭所知，就女学一言。

弟从前亦曾担任女学，以为求国富强，人人宜受教育。既欲令人人受教育，自当以女学为最重要之事。何也？人之受教育，当自小儿时起。而小儿受母亲之教，比之受父亲之教为多。所谓习惯者，非必写字、读书，然后谓之教育也。扫地亦有教育，揩台亦有教育，入厨下烧饭亦有教育。总之，一举一动，一哭一笑，无不有教育。而主持此事者，厥惟母亲。与小儿周旋之人，未有比母亲长久而亲热者。苟母亲无学问，则小儿之危险何如乎？此已可见女学之重矣。然犹不止此，推本穷源，则胎教亦不可忽也。吾国古时，颇注意此事。女子当怀孕时，目不视恶色，耳不听恶声，口不出傲言，立必正，坐必端。何也？如孕时有不正之举动，则小儿受其影响，他年为不正之人，即由于此。苟女子无教育，则小儿在胎内时，为母体所范围，虽欲避免不良之影响，其道末由。当孩提时，又处处受母亲影响，此时染成恶习惯，他时改之最难。然则苟以教育为重要，岂可不以女学为重要乎？

弟有见及此，故亦曾组织女学，名曰"爱国女学校"。因毅力不足，为他事所牵，率不能专诚办女学，常觉抱愧于心。而白民先生自十年以前，即办女学，维持至今不衰，此弟所钦佩者也。从前曾来参观，有黄任之、刘季平诸先生任教课，崇尚柔术。其后在报上见过，知城东女学有崇尚美术、手工之倾向。今日参观，见许多美术品；听诸君唱歌，益知贵校有崇尚美术之倾向。或疑前后举动何以不一致？然以余观之，正合世界之趋势。何也？七八年前，吾人在专制政府之下，男子思革命，女子亦思革命，同心协力，振起尚武精神，驱除专制，宜也。然世界趋势，非常常如此。世有强凌弱之事，于是弱者合力以抵抗强者，逮两者之力相等，则抵抗之力无所用，人与人不必相争，当互相协力，各自分工，与人以外之强权抵抗。

人以外之强权何也？如风灾、水灾等皆是也。稻方开花而有暴风，则稻受损矣。棉方成熟而有淫雨，则棉受损矣。或大水冲决，则人民之田庐丧失。或火山爆裂，则一方之民受害。人所以受此种种灾害，毕竟由知识不足故也。使各自分工，研究学理，增加知识，则此种灾害，可渐消除。昔时道路不佳，不力不能行远；今有汽舟、汽车,可以行远,即知识增而灾害渐消之一证也。兄弟二人在家中,有时不免争竞,然外侮来时,自知互相以御外侮,更可知自家争竞之非。人与人同居一世界,犹一家也;自然界之种种灾害,犹外侮也。故人与人不当相争,而当合力以与自然抵抗,节省无益之战斗力,移之以与天然战。近世种种新发明,即由此而产出者也。达尔文初创进化论,谓生存竞争,人类亦不能免,因地上养分不足,故势必至于互争。今知其不然,损人利己,决不能获最后之优胜。故生存竞争云云,已为过去学说。最新之进化学,已不主张此说矣。如赤十字社设为救护队,虽两国相争,而该社专务救济,不论甲国、乙国,均得而救济之,不许强权者侵犯,已为世界各国所公认,此亦可见世界渐厌战争,共趋博爱之一端矣。

总之,世界须大家分担责任,又须打总算盘。吾国家族制度,父、子、兄、弟等,共居一家,饮食、衣服、房屋均公者,常易起冲突。假如一人穿新衣,一人穿旧衣,则穿旧衣者将不服,以为何厚彼而薄吾。如一人穿新衣,众人皆穿新衣,将不胜其费。如此种种冲突,实起于各人无职(责)任,而只知享用。故有提倡分至极小,以自活自养者,然仍不免糜费。例如有一大族,每日须供五十人之食,故须有一极大厨房。以其大也,分为五家,成为十人一家,然糜费仍多,因其间不免有侵欺之事也。如能互相帮助,互不相欺,则分工为之,而万事具举矣。一家之中,洗衣者常管洗衣,烧饭者常管烧饭,教育者专管教育,虽规模宏大,比之五十人为一家而过之,亦尚不为害。因崇尚强力之主义减退,共同生活之主义扩充也。

又世界将来之趋势,男、女权利为相同。人类初时,男、女权利不能相同者,因男子身体较强也。战争则男子任之,跋涉道途,亦男子任之,他如出外经商,政治上活动,亦均男子任之,因此等事较为劳苦也。女子任家中各事,似较安逸。然因此男子权利较多。由此可见,劳苦多者权利多,劳苦少者权利少,权利由劳苦生,非可舍劳苦而求权利。今之世界,女子职业,可与男子相同,故权利亦可相同。何也?古时相杀之事多,男子因习于战争,故体力不期而然自强。将来男子职业,不必执干戈，遵进化公例，肢体不用则消退，即可知男子体力，未必过于女子，故男、女权利可相等。

然苟趋重实业，分工交易，彼有余衣可以为吾衣，吾有余食可以为彼食，各得丰衣足食，以乐天年，岂不善乎？此身体之快乐也。然但得身体快乐，未可谓满足，因身体要死也。故尚须求精神之快乐。有身体快乐而精神苦者，似快乐实苦，终为愚人而已矣。然则精神之快乐如何？曰：亦在求高尚学问而已。许多学问道理考究不尽，加力研究，发现一种新理，常有非常之快乐。如考究星者，常研究星中有何原质，所行轨道如何，太阳系诸恒星如何情形，均有人考究此等事，初似与吾人无关，然苟能研究，甚为有益。考究原质者，初时知最小者为极小之原子，今又考知有更小之物，名曰电子。昔时知原子不变化，今知原子尚有变化。此等研究，有直接有益于人生日用者，有未即有用者。然考道者，不论有用无用，苟未懂至彻底，则精神不快乐也。取譬不远，但举日常授课而言，教员为学生讲解：鸡能生蛋，牛能拖车，人知利用之，取为食物，用以耕田，似已足矣；然执笔按纸，画鸡画牛，有何用乎？更以漆工制成漆鸡漆牛，又何用乎？人当野蛮时代，以木为门，借山洞以居，苟可御风御雨已足，何故不自足，必用长方之玻璃为窗，何故必要美丽之台毯，无他，皆为不满足之一念所驱而已。饥必思食，夫人之常情也。然小儿之时，虽体中已饥，竟可不知饥为何事；然其身体内自然有求食之动机，若不得食，则身体即患病，此生理上无可强制者也。吾人之精神亦然，若无科学、美术，则心中成病，精神不快。船之制作，至今世之飞船，殆可谓穷巧极工；然船之最初，不过一根木头，随意摇摇而已。车之简单者，如独力推行之牛角车是也；然一步一步改好，则有火车、电车之美备。划子帆船，比之独木船已好矣，而人心尚以为不足，此即人类进化之秘机也。其要旨，即在分工协力。今试吾人关门为之，必不能成一火轮船。何也？取轮于甲，求舆于乙，均非通工易事不为功也。由此可知，吾欲成一事，必赖许多人帮助；吾做成一事，又可帮助人成事。故吾人用一分力，与全世界人有关系，知吾人之力非枉用。

　　女子教育，有主张养成贤母良妻者，有不主张养成贤母良妻要者。以余论之，贤母良妻，亦甚紧要。有良妻则可令丈夫成好丈夫，有贤母可令子女成贤子女，是贤母良妻亦大有益于世界。若谓贤母良妻为不善，岂不贤不良反为善乎？然必谓女子之事，但以贤母良妻为限，是又不通之论也。人之动作力，如限于一家，常耗费多而成功少，故贤母能教其三孩子者，不必专教三孩子，不妨并他人之孩子而共教之。故余以为，女子当求学之时，即须自己想定专诚学一事，如专诚学教育，专诚学科学、美术、实业均可。吾苟专精一事，自有他人专精他事，吾可与之交换也。据各先进国之经验，则女子之职业，不宜为裁判官，因女子感情易动，近于慈爱，故遇应受罚责之人，亦或以其可怜而赦之。算学、论理学亦不宜。而哲学、文学、美术学最相宜，女子偏重此各科，故此中颇产名人。然历史上名字尚少于男子。今可察世界之趋势，不必限定，各自分趋，他日所成就，定可与男子同。

　　余以为自初等小学始，以至中学，即可注重实业、美术，其小可包括文学等。美国人某君，绝对注重实业。谓学堂教育，可以丧失人之能力，当使习为世界上之事，故青年之人，虽不入学堂，或助父，或助母，为一切事，均佳。入学堂者，常自谓学问甚高，是傲也。赖佣人之力以衣、食、住，习于舒服，而厌为劳苦之事，是懒也。傲且懒之习惯，殊不适于生存社会上。衣服须自我，而彼不能自裁衣服，一切人生应为之事，彼均不能为，岂不可危乎？故某君之教育，不用教科书，不论男、女，均至厨房中烧饭。或谓裁衣为女子之事，某君曰不然，男子亦须学之。或谓解木为器，为男子之事，某君曰不然，女子亦须为之。所为各事，均即有科学寓乎中。菜即植物学也，肉即动物学也。烹调中有化学，有物理。用尺量布及绸，即为算学。剪刀剪物，亦地理学也。缝衣穿线，有重学、力学寓焉。太古不以铁为釜，将石镂空即为釜，是人类学、历史学也。美洲人之衣、食、住，与亚洲人之衣、食、住不同，是历史、地理均括于内也。我必尽义务，而后得与人共享权利；人享权利，亦必尽义务，自修身教授也。某氏发挥此主义，专著一书，名曰《学校及社会》，实可名之曰《学校及生活》。某氏倡此主义后，赞成之者颇多。近世小学、中学，必有手工、木工、石工、金工，近世之趋势如此，亦以生活教育之重要耳。

手工有日用必须者，有属于美术品者，又有本以供日用、而又加以美术之工夫者。美术似无用，非无用也。人类不自满足之念，实足见美术之不可少。吾见城东女学与世界趋势相同，此最可慰者。非只女学生应重手工、美术，即男学生亦应重手工、美术，此即男、女教育平等之一端也。

（据广益书局编印《蔡元培言行录》，1931年10月出版）

《养成优美高尚思想——在上海城东女学演说词》体现了蔡元培的女子教育思想。

蔡元培论述了母亲的学识、品德、身体健康状况对儿童的重要影响，因为儿童和母亲接触的时间长，接受母亲的教育也比来自父亲的要多些。蔡元培认为教育不仅仅是读书识字，母亲的一举一动，即母亲的言行举止对儿童是一种教育，因此应该注重女子教育，也要注重胎教。

接着蔡元培谈及女学的发展历史及对女学教育宗旨的看法。蔡元培阐明了人与人之间分工协力合作的道理，同时，蔡元培指出男女权利相同是未来世界发展的趋势，认为人类进化的秘密就在于能够各有分工，并且能够协力合作，共同与自然做斗争，促进人类的发展和进步。接着蔡元培对女学的教育宗旨进行了探讨。

近代中国的女子教育肇始于晚清，戊戌变法时期，梁启超主张设立女学，其教育宗旨是"上可相夫，下可教子，近可宜家，远可善种"的贤妻良母主义。很显然，这种女子教育思想是对封建时代"女子无才便是德"的否定，在那个时代具有一定的进步意义。但它并不是彻底解放妇女的口号，实行的仍然是"男子治外，女子治内"，目的是把妇女紧紧束缚在小家庭的圈子里，做丈夫的"高级奴隶"。当时这种教育思想为大多数人所接受,甚至到"五四"运动前后,它仍继续在流行并起着作用,一些进步舆论也一方面宣传男女教育平等,另一方面又赞成贤妻良母主义。

蔡元培并不完全反对贤妻良母主义,在不同的历史时期,他对此持不同看法。在辛亥革命斗争中,他认为当时女子教育主要是在于提倡革命精神,培养革命人才,所以在创办爱国女学校时,他明确表示:"不取贤母良妻主义,乃欲造成虚无党一派之女子。"然而辛亥革命后,他认为民国已经成立,革命目的已经达到,女子教育不再是提倡革命,所以这时他认为贤妻良母也是重要的,有良妻则可令丈夫成好丈夫,有贤母可令子女成贤子女,贤妻良母对于世界的发展也是很有益处的,但女子教育不应局限于贤妻良母主义。

蔡元培认为学校中男女所学的科目应该是一致的,同时,蔡元培又认为,女子求学时,必须要专诚。蔡元培虽然认为男女在不同的学科上有所擅长,有失偏颇。但他认为男女在平等的基础上,女子应该根据自己的长处选择相应的科目学习,做到学有专长、学有所长的观点,是颇有道理的。

蔡元培还介绍了杜威的实用主义教育思想和生活教育理论。

(四)《华法教育会之意趣》[1]

今日为华法教育会发起之日,鄙人既感无限之愉快,尤抱无限之希望。

盖尝思人类事业,最普遍、最悠久者,莫过于教育。人类之进化,虽其间有迟速之不同,而其进行之涂辙,常相符合。则人类之教育,宜若有共同之规范。欲考察各民族之教育,常若不能不互相区别者,其障碍有二:一曰君主,二曰教会。二者

---

[1]　蔡元培.华法教育会之意趣[A].高平叔.蔡元培教育论著选[M].北京:人民教育出版社,1991.51—53

各以其本国、本教之人为奴隶，而以他国、他教之人为仇敌者也。其所主张之教育，乌得不互相歧异？

现今世界之教育，能完全脱离君政及教会障碍者，以法国为最。法国自革命成功，共和确定，教育界已一洗君政之遗毒。自一八八六年、一九〇一年、一九一二年三次定律，又一扫教会之霉菌，固吾侪所公认者。其在中国，虽共和成立，不过四年有奇，然追溯共和成立以前二千余年间，教育界所讲授之学说，自孔子、孟子以至黄梨洲氏，无不具有民政之精神。故君政之障碍，拔之甚易，而决不虑其复活。中国又素行信仰自由之风。道、佛、回、耶诸教，虽得自由流布，而教育界则自昔以儒家言为主。儒家言本非宗教，虽有祭祀之礼，然其所崇拜者，以有功德于民、及以死勤事等条件为准，与法国哲学家孔德所提议之"人道教"相类。至今日新式之学校，则并此等儒家言而亦去之。是中国教育之不受君政、教会两障碍，固与法国为同志也。

教育界之障碍既去，则所主张者，必为纯粹人道主义。法国自革命时代，既根本自由、平等、博爱三大义，以为道德教育之中心点，至于今且益益扩张其势力之范围。近吾于弥罗君所著《强权殫于强权论》中，读去年二月间法国诸校长恳亲会之宣言，有曰："我等之提倡人权，既历一世纪矣，我等今又为各民族之自由而战。"又于本年三月十五日之日报，读欧乐君之《理想与意志竞争论》，有曰："法人之理想，不问其为一人，为一民族，凡弱者亦有生存及发展之权利，与强者同。而且无论其为各人，为各民族，在生存期间，均有互助之义务，例如比利时、塞尔维亚、葡萄牙等，虽小在体魄，而大在灵魂，大在权利，不可不使占正当地位于世界以独立而进行。"其为人道主义之代表，所不待言。

其在中国，虽自昔有闭关之号，然教育界之所传诵，则无非人道主义。例如孔子作《春秋》，区人治之进化为三世：一曰据乱世（由乱而进于治），二曰升平世（小康），三曰太平世。据乱之世，内其国而外诸夏（内者亲也，外者疏也）；升平之世,内诸夏而外夷狄;太平之世,夷狄进至于爵(与诸夏同),天下远近大小若一。(以上见何休《公羊传解诂》)教化流行,德泽大洽,天下之人人有士君子之行而少过矣。(以上见董仲舒《春秋繁露·俞序篇》)孔子又尝告子游曰:"大道之行也,天下为公,选贤与能(与者举也),讲信修睦。故人不独亲其亲,不独子其子,使老有所终,壮有所用,幼有所长,鳏寡孤独废疾者皆有所养,男有分,女有归,货恶其弃于地也,不必藏于己,力恶其不出于己也,不必为己。是故谋闭而不兴,盗窃乱贼而不作,故外户而不闭,是谓大同。"又曰:"圣人以天下为一家,中国为一人。"其他如子夏言:"四海之内皆兄弟。"张横渠言"民吾同胞",尤与法人所唱之博爱主义相合。是中国以人道为教育,亦与法国如同志也。

夫人道主义之教育,所以实现正当之意志也。而意志之进行,常与知识及感情相伴。于是所以行人道主义之教育者,必有资于科学及美术。法国科学之发达,不独在科学固有之领域,而又夺哲学之席,而有所谓科学的哲学。法国美术之发达,即在巴黎一市,观其博物院之宏富,剧院与音乐会之昌盛,美术家之繁多,已足证明之而有余。至中国古代之教育,礼、乐并重,亦有兼用科学与美术之意义。《书》云:"天秩有礼。"礼之始,固以自然之法则为本也。惟是数千年来,纯以哲学之演绎法为事,而未能为精深之观察,繁复之实验,故不能组成有系统之科学。美术则自音乐以外,如图画、书法、饰文等,亦较为发达,然不得科学之助,故不能有精密之技术,与夫有系统之理论。此诚中国所深欲以法国教育为师资,而又多得法国教育之助力,以促成其进化者也。

今者承法国诸学问家之赞助,而成立此教育会。此后之灌输法国学术于中国教育界,而为开一新纪元者,实将有赖于斯会。此鄙人之所以感无限之愉快,而抱无限之希望者也。敬为中国教育界感谢诸君子赞助之盛意,并预祝华法教育会之发展。华法教育会万岁!

1913年秋到1916年冬,蔡元培在法国从事学术研究,并与李石曾等人组织勤工俭学会，为旅法华工讲课、编写教材。1916年3月间，又和李石曾、汪精卫、吴玉章等人联同法国学者和名流发起组织"华法教育会"，以"发展中法两国之交通，尤重以法国科学与精神之教育，图中国道德、智识、经济之发展"为宗旨，于3月29日在巴黎的法国自由教育会会所举行成立会，并选举组织机构，推举蔡元培为中方会长。蔡元培在成立会上发表了这篇演说词，演说词清晰地表达了蔡元培对华法教育会的满腔热情与无限希望。

蔡元培一贯主张用西方的民主和科学精神改造中国社会的专制和愚昧状况，而要达此目的，教育是关键。在演说中，蔡元培首先肯定了教育的永恒性及教育的功能，然后用浓墨重彩描述了法国教育所取得的伟大功绩。法国经过资产阶级革命，扫除了君主专制的遗毒，实行了人道主义，科学与美术得到了发展。而中国如果要改变落后面目，实现近代化，就必须将法国的民主精神、科学与美术成果介绍到中国来，借鉴法国的优秀思想成果，以新思想来教育中国的年轻人，以致改造中国社会，他厚望华法教育会能作为媒介，担负这一重要的使命。蔡元培在这一讲话中所体现的理想，与当时国内正在兴起的新文化运动的目标是相吻合的，他所主张和期望的，正是近代中国十分需要的精神，也是中国近代化过程中亟待解决的社会课题。

华法教育会根据其成立的目的，围绕着以下几个部分展开活动：（一）哲理与精神部分，编辑刊印中法文书籍和报章，介绍法国的新教育；（二）科学教育部分，联络中法学术团体，在中国创设学术机关，介绍多数中国的留学生来法国，帮助法国人去中国游学，在法国创设中文学校或讲习班等，以组织在法华工的教育；（三）经济与社会部分，发展中法两国经济方面的联系，成立华工教育之组织，以法国之平等、公道主义为标准。从该会工作的性质来看，它是中法文化和学术交流的窗口和媒介，该会重视在法华工的教育问题，因此，留法俭学会与勤工俭学会的工作是华法教育会的重要工作。华法教育会在进行中法文化交流时，很注意对在法华工的文化教育。欧洲战争期间，法国从中国招收工人赴法，以解决法国工人上战场后劳动力不足的困难，但被招去的华工的生活待遇和教育问题是不容忽视的。在蔡元培的主持下，华法教育会为维护华工的利益做了不少的工作，并开设了华工学校，对工人进行文化和科学知识教育。蔡元培和他的同事们倡导的留法勤工俭学运动，为国内无力出国留学的青年提供了以半工半读的方法去法国学习文化和科学知识的机会，为中国的近代变革图强培养了人才，它为中国留法学生开创的自立留学的风气，也在近代中国留学史和教育史上占有重要的地位。华法教育会作为中法文化交流的机关和媒介，注重中法文化交流，为沟通和促进中外文化学术的联系，并且将法国先进的科学知识介绍到中国，为中国学习西方创造了一种新的方式，这在中外教育交流史上产生了很大的影响。蔡元培在归国担任北京大学校长之后，还兼任华法教育会会长之职，继续参与领导留法勤工俭学运动，使它成为五四新文化运动的一个极为重要的组成部分，这就更显示了它所具有的重要的政治意义。尤其值得一提的是，五四运动以后，留法勤工俭学运动无论在人数的规模，还是学习的内容上，都有了很大的发展和变化，成为"举国公认之唯一要图"。留法学生中有不少人在那个时期在法国学习马克思主义，追求革命的真理，开展革命活动，回国以后成为中国共产主义的战士和革命家，为中国革命贡献了宝贵的人力资源。

（五）《文明之消化》[1]

凡生物之异于无生物者，其例证颇多，而最著之端，则为消化作用。消化者，吸收外界适当之食料而制炼之，使类化为本身之分子，以助其发达。此自微生物以至人类所同具之作用也。

---

[1]　蔡元培.文明之消化[A].高平叔.蔡元培教育论著选[M].北京: 人民教育出版社,1991.59,60.

人类之消化作用，不惟在物质界，亦在精神界。一人然，民族亦然。希腊民族吸收埃及、腓尼基诸古国之文明而消化之，是以有希腊之文明；高尔、日耳曼诸族吸收希腊、罗马及阿拉伯之文明而消化之，是以有今日欧洲诸国之文明。吾国古代文明，有源出巴比仑之说，迄今尚未证实；汉以后，天方、大秦之文物，稍稍输入矣，而影响不著；其最著者，为印度之文明。汉季，接触之时代也；自晋至唐，吸收之时代也；宋，消化之时代也。吾族之哲学、文学及美术，得此而放一异彩。自元以来，与欧洲文明相接触，逾六百年矣，而未尝大有所吸收，如球茎之植物，冬蛰之动物，恃素所贮蓄者以自赡，日趋羸瘠，亦固其所。至于今日，始有吸收欧洲文明之机会，而当其冲者，实为我寓欧之同人。

吸收者，消化之预备。必择其可以消化者而始吸收之。食肉者弃其骨，食果者弃其核，未有浑沦而吞之者也。印度文明之输入也，其滋养果实为哲理，而埋蕴于宗教臭味之中。吸收者浑沦而吞之，致酿成消化不良之疾。钩稽哲理，如有宋诸儒，既不免拘牵门户之成见；而普通社会，为宗教臭味所熏习，迷信滋彰，至今为梗。欧洲文明，以学术为中坚，本视印度为复杂；而附属品之不可消化者，亦随而多歧。政潮之排荡，金力之劫持，宗教之拘忌，率皆为思想自由之障碍。使皆浑沦而吞之，则他日消化不良之弊，将视印度文明为尤甚。审慎于吸收之始，毋为消化时代之障碍，此吾侪所当注意者也。

且既有吸收，即有消化，初不必别有所期待。例如晋唐之间，虽为吸收印度文明时代，而其时"庄"、"易"之演讲，建筑图画之革新，固已显其消化之能力，否则其吸收作用，必不能如是之博大也。今之于欧洲文明，何独不然。向使吾侪见彼此习俗之殊别，而不能推见其共通之公理，震新旧思想之冲突，而不能预为根本之调和，刚臭味差池，即使强饮强食，其亦将出而哇之耳！当吸收之始，即参以消化之作用，俾得减吸收时代之阻力，此亦吾人不可不注意者也。

据《旅欧杂志》创刊号（1916年8月15日法国都尔斯出版）；并参阅《东方杂

志》第14卷第2号（1917年2月15日出版）。

这篇反映蔡元培对待外来文化思想的著名论文，是蔡元培于1916年8月在法国时发表的。当时，国内以陈独秀为代表的激进的知识分子正开展着新文化运动。蔡元培从发展学术的角度，提出在学习外国文化时所应该坚持的态度，这对激进知识分子的主张以及对新文化运动有着直接的指导意义。蔡元培从生物学的视角出发，认为消化作用是生物与生物得以区别的一个显著的例子，然后指出人类的消化作用不仅在物质世界存在，在精神世界同样存在。接着他强调中华民族之所以能创造出灿烂的古代文明，同宋代以前不断吸收外来文化是分不开的；他指出，在学习外国文化的过程中不能囫囵吞枣，生吞活剥，要善于消化，注意辨别，吸收养料，去其糟粕，这些论断，都显示出蔡元培文化思想的深度与广度。吸收外国文化并不是目的，而仅仅是发展中国文化的手段，蔡元培的理想境界是吸收外国文化来振兴和发展中国文化，运用西方文化中的科学方法，总结中国传统文化的精髓，在中西文化的融合中，创造出一种新文化，推进中国文化达到一个新的境界。因此，他强调和致力于下述两项工作：第一，批判中国传统文化中的糟粕，继承精华，力图推陈出新。第二，强调文化交流的必要性，倡导在科学、文化、教育等领域向西方学习。学习西方并不是学习其表面，而是要深入研究西方文化的精髓和底蕴，如果不得其精髓的话就会造成移植过来的文化丧失其本义，因此应该善于消化和吸收外国文化。他提出：1. 不要浑沦而吞，以至酿成消化不良；2. 不要强饮强食，造成出而哇之。这一学习方法论，至今仍有指导意义。那么，以怎样的方法"吸收"西方文化呢？他认为必须站在"我"的立场上进行"吸收"，所以，向西方学习，决不是全盘西化，要保持自己的文化特性，使之作为世界文化的一分子而存在，追求和"吸收"外来文化的目的，是为了创造出具有中华民族特色的新文化。蔡元培认为西方文化的根本之处在于学术，他认定西方的发达，是以学术为中坚，所以要"吸收"的首先是学术,在他看来,在明确了西方文化的根本之后,就有了学习西方文化的方向、目标。所以,他强调必须站在"我"的立场上,去理解西方文化的根本,"消化"和"吸收"西方的学术思想。他的这个观点在五四运动前后,得到了进一步的深化,回答了当时在东西方文化之争中出现的如何处理新旧文化的关系问题,明确地阐述了对待传统文化和西方文化应有的态度。由此可见,蔡元培为我们揭示了近代社会中各民族间文化交流的必要性和必然性,以及如何正确评价中国传统文化和西方文化的方法,对于今天国际交流变得越来越普遍的中国有很强的启示意义。

(六)《就任北京大学校长之演说》

五年前,严几道先生为本校校长时,余方服务教育部,开学日曾有所贡献于同校。诸君多自预科毕业而来,想必闻知。士别三日,刮目相见,况时阅数载,诸君较昔当必为长足之进步矣。予今长斯校,请更以三事为诸君告。

一曰抱定宗旨。诸君来此求学,必有一定宗旨,欲知宗旨之正大与否,必先知大学之性质。今人肄业专门学校,学成任事,此固势所必然。而在大学则不然,大学者,研究高深学问者也。外人每指摘本校之腐败,以求学于此者,皆有做官发财思想,故毕业预科者,多入法科,入文科者甚少,入理科者尤少,盖以法科为干禄之终南捷径也。因做官心热,对于教员,则不问其学问之浅深,惟问其官阶之大小。官阶大者,特别欢迎,盖为将来毕业有人提携也。现在我国精于政法者,多入政界,专任教授者甚少,故聘请教员,不得不聘请兼职之人,亦属不得已之举。究之外人指摘之当否,姑不具论。然弭谤莫如自修,人讥我腐败,而我不腐败,问心无愧,于我何损?果欲达其做官发财之目的,则北京不少专门学校,入法科者尽可肄业法律学堂,入商科者亦可投考商业学校,又何必来此大学?所以诸君须抱定宗旨,为求学而来。入法科者，非为做官；入商科者，非为致富。宗旨既定，自趋正轨。诸君肄业于此，或三年，或四年，时间不为不多，苟能爱惜光阴，孜孜求学，则其造诣，容有底止。若徒志在做官发财，宗旨既乖，趋向自异。平时则放荡冶游，考试则熟读讲义，不问学问之有无，惟争分数之多寡；试验既终，书籍束之高阁，毫不过问，敷衍三四年，潦草塞责，文凭到手，即可借此活动于社会，岂非与求学初衷大相背驰乎？光阴虚度，学问毫无，是自误也。且辛亥之役，吾人之所以革命，出清廷官吏之腐败。即在今日，吾人对于当轴多不满意，亦以其道德沦丧。今诸君苟不于此时植其基，勤其学，则将来万一因生计所迫，出而任事，担任讲席，则必贻误学生；置身政界，则必贻误国家。是误人也。误己误人，又岂本心所愿乎？故宗旨不可以不正大。此余所希望于诸君者一也。

二曰砥砺德行。方今风俗日偷，道德沦丧，北京社会，尤为恶劣，败德毁行之事，触目皆是，非根基深固，鲜不为流俗所染。诸君肄业大学，当能束身自爱。然国家之兴替，视风俗之厚薄。流俗如此，前途何堪设想。故必有卓绝之士，以身作则，力矫颓俗。诸君为大学学生，地位甚高，肩此重任，责无旁贷，故诸君不惟思所以感己，更必有以励人。苟德之不修，学之不讲，同乎流俗，合乎污世，己且为人轻侮，更何足以感人？然诸君终日伏首案前，芸芸攻苦，毫无娱乐之事，必感身体上之苦痛。为诸君计，莫如以正当之娱乐，易不正当之娱乐，庶于道德无亏，而于身体有益。诸君入分科时，曾填写愿书，遵守本校规则，苟中道而违之，岂非与原始之意相反乎？故品行不可以不谨严。此余所希望于诸君者二也。

三曰敬爱师友。教员之教授，职员之任务，皆以图诸君求学便利，诸君能无动于衷乎？自应以诚相待，敬礼有加。至于同学共处一堂，尤应互相亲爱，庶可收切磋之效。不惟开诚布公，更宜道义相勖，盖同处此校，毁誉共之。同学中苟道德有亏，行有不正，为社会所訾詈，己虽规行矩步，亦莫能辩，此所以必互相劝勉也。余在德国，每至店肆购买物品，店主殷勤款待，付价接物，互相称谢，此虽小节，然亦交际所必需,常人如此,况堂堂大学生乎?对于师友之敬爱,此余所希望于诸君者三也。

余到校视事仅数日,校事多未详悉,兹所计划者二事:一曰改良讲义。诸君既研究高深学问,自与中学、高等不同,不惟恃教员讲授,尤赖一己潜修。以后所印讲义,只列纲要,细微末节,以及精旨奥义,或讲师口授,或自行参考,以期学有心得,能裨实用。二曰添购书籍。本校图书馆书籍虽多,新出者甚少,苟不广为购办,必不足以供学生之参考,刻拟筹集款项,多购新书,将来典籍满架,自可旁稽博采,无虞缺乏矣。今日所与诸君陈说者只此,以后会晤日长,随时再为商榷可也。

(据《东方杂志》第14卷第4号,1917年4月出版)

《就任北京大学校长之演说》是蔡元培于1917年1月9日在北京大学开学典礼上发表的演说。早在民国初建之时,作为临时政府教育总长的蔡元培就曾发布《大学令》,要求"大学以教授高深学术,养成硕学闳才,应国家需要为宗旨"。[1]这篇演说既是对之前《大学令》中有关大学的办学宗旨的教育思想的一种延续和传承,又是针对北京大学的弊端提出的切实有效的改革纲领和指导思想,蔡元培就任校长以后,改变了旧中国旧大学的教育模式,使得北京大学从"官僚养成所"转变成为新文化运动的先锋。这篇演说集中体现了蔡元培改革北大的理念,主要是以观念改革为先导,因为"思想的解放是一切解放的前提",以学生为改革的对象,以建立新式的学风和校风为目标。

北京大学的前身是京师大学堂。京师大学堂是戊戌维新运动的产物,学校的主要部分为仕学院,招进士、举人出身的七品以上京官入学。另附设招收学生和小学生入学,进士、举人、贡生、监生不及七品,或未登仕版之年在二十以上者,通称学生;年不满二十者为小学生。当时入学人数极少,学生不及百人。

---

[1] 蔡元培.大学令[A].中国蔡元培研究会.蔡元培全集(第二卷)[M].杭州:浙江教育出版社,1997.212.

1912年3月，蔡元培任中华民国南京临时政府教育总长，5月将京师大学堂改名国立北京大学校，严复署理校长，正式有了北京大学之名。此后，北京大学迭有改革，但与辛亥革命前相较，北京大学并没有根本的变化。第一任校长为严复，后相继有三任。民国五年（1916年）冬，正留法的蔡元培，接到北大的来电。当时教育总长范源廉向总统黎元洪说明后，于1916年8月26日致电驻法使馆，请蔡元培出山。蔡元培于11月8日抵沪，当时，有些好心的同志劝他不要去行使这一职权，广西的马君武说北大太腐败了，是个臭虫窝、大染缸，整顿不好，反坏了一世清名。但这绝非蔡元培的性格，他就说出"我不去，总须有人去"这样的豪言壮语。而他致力于教育事业的决心，更不会在困难面前屈服；加上当时孙中山认为，"北方应有像你这样的老同志去传播革命思想"，于是决定北上。1916年12月26日总统任命蔡元培为北京大学校长。

从创立到蔡元培任校长之前，北京大学仍然是官僚习气十足，陈腐不堪，不少学生以前清的"举人"、"进士"自况，而无真才实学。当时学生入学，"仍抱科举时代思想，以大学为取得官吏资格之机关。故对于教员之专任者，不甚欢迎。其稍稍认真者，且反对之。独于行政、司法界官吏之兼任者，虽时时请假，年年发旧讲义，而学生特别欢迎之，以为有此师生关系，可为毕业后奥援也。"在旧式教育的毒害下，大多数学生或以学校为科举，只求毕业后得到文凭以谋取官位；或以学校为书院，守一先生之言，而排斥其他，学生中想做官发财的思想相当普遍。预科毕业生多入法科，因为读法科是做官的一条捷径，读文科的学生少，读理科的人学生更少。学生"因做官心热，对于教员，则不问其学问之浅深，惟问其官阶之大小。官阶大者，特别欢迎，盖为将来毕业有人提携也"，学生指望毕业以后有做官的老师可以做靠山，可以为自己的仕途减少一些困难和障碍，而"对于学术，并没有任何兴会"。 而对于学问学生则没有什么兴趣。他们上课或瞌睡，或看杂书，下课后把讲义带回去，堆在书架上，等到临考时，才找出来阅读，有的干脆要老师透露出题范围，甚至考试题目。一等把考试对付过去，就永远不再去翻一翻了。混到年限满后，拿到毕业文凭，就作为升官发财的敲门砖。蔡元培指出，这是北大"著名腐败的总因"。学生不以学问为上，教员中亦有滥充之辈，他们年年"把第一次的讲义照样印出来，按期分散给学生，在讲台上读一遍了事"，讲课内容充满了封建复古主义的陈腐思想。总而言之，有改革之前的北大，学校制度混乱，学校教育堕落、陈腐，学生学风散漫，拉帮结派，官僚气息极浓。改革前的北大成为了"官僚养成所"，成为了学生"升官发财之阶梯"。

为此，蔡元培在1917年1月9日北京大学开学典礼上，发表了《就任北京大学校长之演说》，文章大致可以分为两大部分：第一部分是以校长的身份，向同学们提出的三个要求，第二部分是计划要做的两件事情。文章开篇言"予今长斯校，请更以三事为诸君告"，蔡元培提出了希望学生能够明确三件事情：

一曰抱定宗旨。指出"大学者，研究高深学问者也"，要求"所以诸君须抱定宗旨，为求学而来"。"大学者，研究高深学问者也"是蔡元培在接受和理解德国大学传统精髓的基础上，对大学功能的精辟概括，他接着告诫说："入法科者，非为做官；入商科者，非为致富。"换言之，在蔡元培看来，大学并非官僚养成所和职业训练中心，而是纯粹研究学问之机构。通过蔡元培对大学的解读我们能够明晰蔡元培的大学理念，他的大学理念注重的是人内在的精神追求，关注的是人的智慧生命和知识生命的提升与拓展，热衷的是人的批判性思维与创新思维。这种大学理念，赋予了大学发展知识、创新理论的根本任务，从而使大学能够更好地培养人才，服务社会。

二曰砥砺德行。五四运动之前的中国社会极端无序和混乱。辛亥革命的不彻底，致使袁世凯篡夺了革命果实，以后又经过数次军阀割据，连年混战，北洋军阀统治了当时的北京，社会动荡不安。在思想领域，人们失去了旧有的道德规范，而新的又未曾确立，在道德失范的状况下，许多人丧失了起码的道德底线。作为北洋政府所在地的北京，更是腐败成风。蔡元培痛心地指出，在这样的社会中，即使青年学子洁身自好，又能有什么前途！因此，他希望北大的学子能以天下为己任，以身作则，担当起匡正流俗的职责，为天下人做道德的楷模。要尊敬教师，对教师有礼貌，同学之间要互相亲爱，这样师生之间、同学之间可以相互切磋，取长补短，能够共同进步。即使娱乐，也要力求正当之娱乐。为改变学生中间的不良风气，蔡元培积极提倡在学生中间成立进德会，入会的人都要遵守不赌、不嫖、不娶妾等基本戒条。另外，他还积极促成体育会、音乐会、绘画研究会、书法研究会等业余研究机构，目的就是为学生提供良好的消遣方式，培养他们的正当兴趣爱好。

在这里我们可以看出蔡元培非常注重学生的道德修养，在提出大学是研究高深学问的场所，是研究学术的专门机构，引导学生去提升自己的智慧生命之外，又引导学生积极主动地去建构自己的德性生命。今天，大学生面临着非常多样复杂的环境，作为学生的教导机构和管理机构，大学该如何来培养学生的思想道德值得我们深思。蔡元培先生在文中指出学生在分科的时候已经签署了志愿书，遵守学校的规则，意在激发学生进行道德修养的主动性和积极性，晓之以理，动之以情，值得我们借鉴。

三曰敬爱师友。认为"教员之教授，职员之任务，皆以图诸君求学之便利……自应以诚相待，敬礼有加。至于同学共处一室，尤应互相亲爱，庶可收切磋之效。不惟开诚布公，更宜道义相劝……互相劝勉也"。从个人修养方面来说，蔡元培希望北大学子能尊敬师长，团结友爱。特别是同学之间要相互勉励，共同维护北大的荣誉。蔡元培结合自己在德国的亲身经历，阐述良好的社会风气之必要，勉励青年学子相互友爱，共同进步。

在提出三个要求后，蔡元培根据自己的调查了解，计划做两件事情，第一件就是改良讲义，以改变原来教师过度依赖讲义讲课，学生过度依赖讲义，唯讲义是从而不刻苦自修，不主动学习钻研的情况，以期端正学生的学习态度，培养学生潜心学术、主动钻研的学习精神；第二件事情就是购买书籍，为学生提供丰富的文化食粮，为学生的学习和研究提供充足的图书保障。

蔡元培的这些讲话，直击学生思想的要害，让学生能够深刻地认识到自己的不足，认识到学习的真正目的是什么，有助于学生确立正确的学习目的，养成良好的学风，渐进地改变了北大陈腐的校风。蔡元培对北京大学校风与学风的重新塑造，使得北京大学从"官僚养成所"转变成为新文化运动的先锋，同时也为中国早期教育的现代化做出了卓越的贡献。

（七）《在爱国女学校之演说》

本校初办时，在清朝季年，含有革命性质。盖当时一般志士，鉴于清朝政治之不良，国势日蹙，有如人之罹重病，恐其淹久而至于不可救药，必觅良方以治之，故群起而谋革命。革命者，即治病之方药也。上海之革命团，名中国教育会。革命精神所在，无论其为男为女，均应提倡，而以教育为根本。故女校有爱国女学，男校有爱国学社，以教育会员担任办理之责，此本校名之所由来也。其后几经变迁，男校因《苏报》案而解散，中国教育会亦不数年而同志星散，惟女校存立至今。辛亥革命时，本校学生多有从事于南京之役者，不可谓非教育之成效也。当清政府未推倒时，自以革命为精神。然于普通之课程，仍力求完备。此犹家人一面为病者求医，一面于日常家事，仍不能不顾也。至民国成立，改革之目的已达，如病已医愈，不再有死亡之忧。则欲副爱国之名称，其精神不在提倡革命，而在养成完全之人格。盖国民而无完全人格，欲国家之隆盛，非但不可得，且有衰亡之虑焉。造成完全人格，使国家隆盛而不衰亡，真所谓爱国矣。完全人格，男女一也。兹特就女子方面讲述之。

夫完全人格，首在体育。体育最要之事为运动。凡吾人身体与精神，均含一种潜势力，随外围之环境而发达。故欲其发达至何地位，即能至何地位。若有障碍而阻其发达，则萎缩矣。旧俗每为女子缠足，不许擅自出门行走，终日幽居，不使运动，久之性质自变为懦弱。光阴日消磨于装饰中，且养成依赖性，凡事非依赖男子不可。苟无男子可依赖，虽小事亦望而生畏。倘不幸地方有争战之事，故兵尚未至，畏而自尽者比比矣，又安望其抵抗哉。是皆不运动不发达其身体之故，卒养成懦弱性质，以减杀其自卫之能力与胆量也。欧美各国女子，尚不能免此，况乎中国。闻本校有体育专修科，不特各科完备，且于拳术尤为注意，此最足为自卫之具，望诸生努力，切勿间断。即毕业之后，身任体操教员者，固应时时练习，即担任别种事业者，亦当时时练习。盖此等技术，不练则荒，久练益熟，获益非浅也。

次在智育。智育则属精神方面。精神愈用愈发达，吾前已言及矣。盖人之心思细密，方能处事精详。而习练此心思使之细密，则有赖于科学。就其易于证明者言之，如习算学，既可以增知识，又可以使脑力反复运用，入于精细详审一途。研究之功夫既深，则于处事时，亦须将前一事与后一事比较一番，孰优孰劣，了然于胸，而知识亦从比较而日广矣。故精究科学者，必有特别之智慧胜于恒人，亦由其脑筋之灵敏也。

更言德育。德育实为完全人格之本。若无德，则虽体魄智力发达，适足助其为恶，无益也。今先言我国女子之缺点。女子因有依赖男子之性质，不求自立，故心中思虑毫无他途，惟有衣服必求鲜艳，装饰必求美丽。何也？以其无可自恃也。而虚荣心于女子为尤甚，如喜闻家中之人做官，喜与有势力人往还，皆是。故高尚之品行，未可求诸寻常女界中也。今欲养成女子高尚之品行，非使其除依赖性质有自立性质不可。然自立不可误解，非傲慢自负，轻视他人之谓，乃自己有一定之职业，以自谋生活之谓。夫人果能自谋生活，不仰食于人，则亦无暇装饰，无取虚荣矣。

尚有一端，女子之处家庭者，大凡姑媳妯娌间，总是不和，甚至诟谇。其故何在？盖旧时习惯，女子死守家庭，不出门一步，不知社会情状，更不知世界情状，所通声息者，家中姑媳妯娌间而已。耳目心思之范围，既限于极小之家庭，自然只知琐细之事。而所争者，亦只此琐细之事。若是而望女子之品行日就高尚，难乎其难！盖其所处之势使然也。虽然，女子之缺点固多，而优点亦不少。今举其一端，如慈善事业，恻隐之心，女子胜于男子。不过昔时专在布施，反足养成他人懒惰之习。今则当推广爱人以德、与人为善之道。凡有善举，宜使受之者亦出其劳力有益于社会，则其仁慈之心，为尤恳挚矣。女子讲自由，在脱除无理之束缚而已，若必侈大无忌，在为无理之自由，则为反对女学者所借口，为父兄者必不喜送女子入学。盖不信女学为培养女德之所，而谓女学乃损坏女德之地，非女学之幸也。

又今日女子入学读书后，对于家政，往往不能操劳，亦为所诟病。必也入学后，家庭间之旧习惯，有益于女德者保持勿失，而益以学校中之新知识，则治理家庭各事，必较诸未受过教育者，觉井井有条。譬如裁缝，旧时只知凭尺寸剪裁而已，若加以算学知识，则必益能精。如烹饪，旧时亦只知其当然，若加以化学知识，则必合乎卫生。其他各事，莫不皆然。倘女学生能如此，则为父兄者有不乐其女若妹之入学者乎？夫女子入校求学，固非脱离家庭间固有之天职也。求其实用，固可相辅而行者也。美国有师范学校，教授各科，俱用实习，不用书籍。假如授裁缝时，为之讲解自上古至现在衣服之变更，有野蛮时代之衣服与文明时代之衣服，是即历史科也。为之讲解衣服之原料，如丝之产地，棉之产地等，则地理科也。衣服之裁剪，有算法焉。其染色之颜料，有理化之法则焉，是即数学理化科也。推之烹饪等科，亦复如是。寓学问于操作中。可见女学固养成女子完全之人格，非使女子入学后，即放弃其固有之天职也。即如体操科中之种种运动，近亦有人主张徒事运动而无生产为不经济，有欲以工作代之者。庶不消耗金钱与体力，使归实用。此法以后必当盛行。益可见徒知读书，放弃家事，为不合于理矣。

（据《东方杂志》第14卷第1号，1917年1月出版）

1917年1月15日，蔡元培在爱国女学校发表演说，演说集中阐述了蔡元培关于女子的"完全人格"的教育思想。

蔡元培在上海城东女校演说中提出女子教育不能以贤妻良母为限，那么蔡元培心中的女子教育到底应该以什么为目标呢？在爱国女校的演说词中能够体现蔡元培的"完全人格"的教育目标。

蔡元培首先指出民国成立后，教育的目标应该是"养成完全之人格"，而这个目标是男女通用的。接着蔡元培论述了"就女子而言"完全人格主要包括的三个方面：体育、智育和德育。

就体育而言，蔡元培阐述了重视女子体育的理由，首先，先有健全的身体，然后才有健全的思想和事业。为了发展女子的智力、精神就必须注重体育。这可视为是第一种理由。其次，从人类繁衍生息、遗传的角度看，为了下一代的健康，女子也应重视体育，以养成健康强壮的体魄。再次，体育还是女子形体解放，增强自卫能力，获得身体自由的重要手段。所以，"完全人格"的女子教育必须重视体育，只有练就了良好的体魄，具备了自卫能力后，即使碰到凶悍的坏人，也不足惧；碰上战争之事，女子还可以抵抗外侮。接着蔡元培提出体育最重要的方法在于运动，他提醒男女青年，运动应该坚持不懈，持之以恒。

就智育而言，蔡元培认为智育属于人的精神方面。蔡元培指出，女子只有重视和运用精神，才能使精神发达，使心思缜密，头脑灵活。蔡元培在这里所说的科学，主要是指科学技术知识，相关生活技能的传授。

就德育而言，蔡元培非常重视德育的重要性，认为德育是完全人格的根本，蔡元培指出我国女子由于缺乏教育，所以在品德上存在许多缺点。进而论述德育对于女子的重要价值。德育不仅有利于改造女子的陋习，而且还能引发女子的许多优点，如恻隐之心，仁慈之心，培养女子从事社会公益事业的热情等。

　　演说的最后，蔡元培针对社会上人们批评女子入学后不做家政的问题，提出入校求学和做家政可以相辅而行，相得益彰。蔡元培提出只知读书，放弃家政也是不合理的。

（八）《在直隶省定县中学的演说》

　　鄙人初到贵县，承诸君子以极郑重之仪式相招待，且愧且感，谢谢！又承不弃，命行所陈述，以备参考，鄙人义不敢辞。但鄙人于贵县教育界状况，尚未详为考察，势不能为切实之贡献，惟有举鄙人回国以来，对于我国教育界之感想，为诸君子言之而已。窃以我国学校，本从科举之制遗蜕而来，故形式虽仿欧洲，而精神则尚不脱离科举时代之习惯。父兄之送其子弟于学校也，初不问在校有何所得，惟望其能毕业；毕业以后，又可进较高之学校，以至于毕业，如科举时代之由生员而举人，而进士而已。不惟学生之父兄也，即学生之自处与学校，教职员之对于学生，亦大多数有此思想，于是学校遂为养成资格之机关。

　　然而我国所有之高等学校，决不能尽容一切之中学毕业生；所有之中等学校，又不能尽容一切之小学毕业生。凡毕业生之不能入较高学校者，既屡投考而无效，势不得不别觅职业以自赡。然校中所习，并无专门技术，又自负其学业之资格，不肯再从事于劳工，竞入政治界，其次则入商业，此两者决不能容多人，具得者既以无聊之地位自荒。而不得者遂以闲散，甚且因闲散而堕落，于是学生之信用失，学校之信用亦渐失，为父兄者将不免视学校为畏途矣。

　　近日热心之教育家发见此弊，爰提倡职业教育以救之。

　　一曰于普通教育中参用职业教育。各教科之讲授，务注意于有关实用之点，使学生自任洒扫、烹饪之技，以养成勤朴之习，尤注意于校园工场之附设，以及农工业之练习。如是则毕业以后，必能躬自劳动，而不致俨然政治家、资本家自处矣。

二曰于普通学校以外，多设职业学校。欧洲所谓补习学校者，小学毕业生入之。其所授技术，粗之若理发、佣仆之流，精之若雕刻、绘画之类，凡数百科，罗列无遗。其中等农工实习学校，则大率半日听课，半门做工，其做工时间无论何等垢秽，何等劳苦，皆与普通之农工一律。决非如吾国甲乙种实业学校，每周实习十余时，间而又毫不切实者，故离校以后，即能与普通农工共同操作，而又能以其所得之学识，徐图改良，此真我国所亟宜取法者也。

有为从学制上图救济者，然使科举时代所遗传之虚荣心，不从根本上拔除之，则虽改变学制，亦尚无济于事，故不可不有修养精神之方法。

一曰提起学问之兴趣。学问者，一方面所以应用于职业，而他方面又所以餍吾人爱智之心。在昔科举时代所借为敲门砖者，制艺试帖，而少数有志之士，尚各以性之所近，钻研学问，如所谓义理考据词章等者，且常以忍饥诵经，安贫乐道为美谈。吾国文化之不至澌火，赖有此耳。日本之大学生有售新闻纸、拉人力者，以筹学费者；美国之大学生有充厨人之助手、膳堂之伺役，以自给者。我国留法俭学会会员，行定期做工蓄其工资，以供他年求学之需者。彼惟于学问上有至高之兴趣，故不惜历尽艰苦，以达其研究学问之目的。苟教育家能提起学生研究学问之兴趣，则又何患其不忠于职业，而自放于闲散耶。

二曰引起美学之情感。凡虚荣心所由起，在局促于目前之利害得失，而没其高尚洁白之志趣，唯美感足以药之。美感者，使吾人游心于利害得失之外，而无论何等境遇，悉有以自娱者也。古之教育，礼乐并重。乐即美感教育之一端，不过今日之美感教育，于音乐以外，尚有种种美术及利用自然之美，范围较广大耳。普通教育中有乐歌、图画、体操等，均为引起美感之专科。为教员者，不可不特别注意。其他各教科，亦可参用此法。授地理时，兼用清丽之山水，崇宏之建筑；授历史时，兼及古代纪念品及诗人、美术家轶事与著作；授国文及外国语时，征引文学；授数理化学时，于讲授学理之外，兼及形式、光线之美观；授博物学时，于生理及致用之外，兼及结晶、构体、色彩。鸣声之足以动人者，无在不可以引起美感也。此皆鄙人对于今日普通教育之感想，谨陈其概略，以就正于诸君子。

（据《甲寅日刊》1917年5月5日、6日）

蔡元培的这篇演说可以分为两个部分，第一部分主要论述了普通教育的弊端。第二部分是改进的措施。而针对普通教育的改进措施有两大途径，一则是从教育体系上进行改进，二则是改变旧时国人的虚荣心，提高学生的修养。

在第一部分，蔡元培对旧式的教育和旧式的学校进行了批判，认为由于学校从科举制蜕化而来，虽然在形式上模仿欧洲，但是其精神和内质还是科举时代的。家长送子弟入学的动机只是希望其能够毕业，能够进入高一级学校，而对于其所学的知识，发展的程度并不关心。学校并不是真正育人的机构，而仅仅是养成资格的机构。接着蔡元培谈到了由于当时的教育资源的有限性，每级的所有学生并不能全部升入高一级学校，不能升学的毕业生则就必须面临着走向社会、谋求职业的境地，然而由于当时学校并没有专门技术的教育，而学生也觉得自己的学业资格不能去从事体力劳动的职业，学生争着进入政界和商界。但是政界和商界吸纳毕业生的数量也是有限的，导致学生出现两类群体：一类是已经在政界和商界谋职者觉得无聊，另一类是无职业可做以致堕落。这样的结局导致学生在社会上无信誉可言，而学校的信誉也因学生的表现而渐渐丧失，导致家长们对学校望而生畏。

蔡元培在这里看到了当时教育只注重普通教育而缺乏职业教育的弊端，也看到了在教育资源有限的情况下，学校的教育目的和课程设置、培养模式不进行调整的话，就无法培养出适合社会需要的人才，也看到了家长们的教育动机因为孩子毕业之后的出口太窄而受挫。无论时代如何变迁，父母希望孩子接受教育以发展自己和给家庭带来收益的心情都是一样的。今天，高等教育大众化带来的学生的升学率提高了，但是在学生遭遇就业难的情况下，家长的教育投资难以获得回报，对教育的期望值就下降了，很多地方出现了"读书无用论"的论调，高中学生弃考。这和当年蔡元培看到的景象是非常相似的。说明虽然我们的时代在发展和进步，但是教育该如何发展，普通中学如何处理好升学和就业的关系仍是我们需要深入研究的课题。

对于当时的教育弊端，有人提倡通过职业教育来予以挽救。而通行的做法有两种：第一种就是在普通教育中增加职业教育的知识和科目，让学生自己劳动，以培养学生的劳动精神；第二种就是在普通学校以外，多设职业学校，让普通教育和职业教育并行。蔡元培谈到了当时我国实业学校的弊端，即实习时间短和教学脱离实际，蔡元培建议我国的实业学校应该向欧洲的补习学校学习，学习它们的经验，力图使培养出来的学生能够实地操作，又能够运用所学专业知识改造传统农业和工业。

蔡元培认为康有为从学制上进行变革只是变革其表面，不能从根本上改变教育的问题。在蔡元培看来，必须注重学生的修养，改变其对教育和学习的看法。第一点就是教育家应该培养学生对研究学问的兴趣，只有学生对学术研究感兴趣，才能够做到虽困苦劳累亦不以为苦，能孜孜不倦地钻研。第二点就是引起学生的美感。蔡元培认为美感教育可以使人超然于虚荣心与得失，能够使人在自娱之余建立起高尚的志趣。蔡元培接着提出了美感教育包括的内容，如音乐、美术和大自然等，是一种大的美感教育。蔡元培主张将美育和学科知识教育相结合，在各科教学中要注意培养学生的审美修养。蔡元培注重美感教育，培养学生的审美修养的做法值得我们肯定，但是过度地看重美育的价值，期望通过美育来拯救人的灵魂，改变人的修养，进而拯救当时中国教育的沉疴，这是美育难以承受的"生命之重"，也是美育难以做到的。

（九）《在清华学校高等科演说词》

两种感想　鄙人今日参观贵校，有两种感想：一为爱国心，一为人道主义。溯贵校之成立，远源于庚子之祸变。吾人对于往时国际交涉之失败，人民排外之蠢动，不禁愧耻，而油然生爱国之心，一也。美国以正义为天下倡，特别退还赔款，为教育人才之用，吾人因感其诚而益信人道主义之终可实现，二也。此二感想，同时涌现于吾心中。夫国家主义与人道主义，初若不相容者，如国家自卫，则不能不有常设之军队。而社会之事业，若交通，若商业，本以致人生之乐利。乃因国界之分，遂反生种种障碍，种种垄断。且以图谋国家生存、国力发展之故，往往不恤以人道为牺牲。欧洲战争，是其著例。吾人对现在国家之组织，断不能云满意，于是学者倡无政府主义，欲破坏政府之组织，以个人为单位，以人道为指归。国家主义与世界主义之不相容，盖如此矣。而何以在贵校所得之二感想，同时盘旋于吾心中？岂非以今日为两主义过渡之时代，吾人固同具此爱国心与人道观念欤？国家主义与世界主义之过渡，求之事实而可征。今日世界慈善事业，若红十字会等组织，已全泯国界。各国工会之集合，亦以人类为一体。至思想学术，则世界所公，本无国别。凡此皆日趋大同之明证。将来理想之世界，不难推测而知矣。盖道德本有三级：（一）自他两利；（二）虽不利己而不可不利他；（三）绝对利他，虽损己亦所不恤。人与人之道德，有主张绝对利他，而今之国际道德，止于自他两利，故吾人不能不同时抱爱国心与人道主义：惟其为两主义过渡之时代，不能不调剂之，使不相冲突也。

对清华学生之希望　吾人之教育，亦为适应此时代之预备。清华学生，皆欲求高深之学问于国外，对于此将来之学者，尤不能无特别之希望，故更贡数言如下。

一曰发达个性　分工之理，在以己之所长，补人之所短，而人之所长，亦还以补我之所短。故人类分子，决不当尽归于同化，而贵在各能发达其特性。吾国学生游学他国者，不患其科学程度之不若人，患其模仿太过而消亡其特性。所谓特性，即地理、历史、家庭、社会所影响于人之性质者是也。学者言进化最高级为各具我性，次则各具个性。能保我性，则所得于外国之思想、言论、学术，吸收而消化之，尽为"我"之一部，而不为其所同化。否则留德者为国内增加几辈德人，留法者、留英者，为国内增加几辈英人、法人；夫世界上能增加此几辈有学问、有德行之德人、英人、法人，宁不甚善？无如失其我性为可惜也。往者学生出外，深受刺激，其有毅力者，或缘之而益自发愤；其志行稍薄弱者，即弃捐其"我"而同化于外人。所望后之留学者，必须以"我"食而化之，而毋为彼所同化。学业修毕，更遍游数邦，以尽吸收其优点，且发达我特性也。

二曰信仰自由　吾人赴外国后，见其人不但学术政事优于我，即品行风俗亦优于我，求其故而不得，则曰是宗教为之。反观国内，黑暗腐败，不可救疗，则曰是无信仰为之。于是或信从基督教，或以中国不可无宗教，而又不愿自附于耶教，因欲崇孔子为教主，皆不明因果之言也。彼俗化之美，仍由于教育普及，科学发达，法律完备。人人于因果律知之甚明，何者行之而有利，何者行之而有害，辨别之甚析，故多数人率循正轨耳。于宗教何与？至于社会上一部分之黑暗，何国蔑有，不可以观察未周而为悬断也。质言之，道德与宗教，渺不相涉。故行为不能极端自由，而信仰不可不自由。行为之标准，根于习惯；习惯之中，往往有并无善恶是非之可言，而社交上不能不率循之者。苟无必不可循之理由，而故与违反，则将受多数人无谓之嫌忌，而我固有之目的，将因之而不得达。故入境问禁，入国问俗，不能不有所迁就。此行为之不能极端自由也。若夫信仰则属之吾心，与他人毫无影响，初无迁就之必要。昔之宗教，本初民神活创造万物末日审判诸说，不合科学，在今日信者盖寡。而所谓与科学不相冲突之信仰，则不过玄学问题之一假定答语。不得此答语，则此问题终梗于吾心而不快。吾又穷思冥索而不得，则且于宗教哲学之中，择吾所最契合之答语,以相慰藉焉。孔之答语可也,耶之答话可也,其他无量数之宗教家、哲学家之答语亦可也。信仰之为用如此。既为聊相慰藉之一假定答语,吾必取其与我最契合者,则吾之抉择有完全之自由,且亦不能限于现在少数之宗教。故曰信仰期于自由也。明乎此,则可以勿眩于习闻之宗教说矣。

　　三曰服役社会　美洲有取缔华工之法律,虽由工价贱,而美工人不能与之竞争,致遭摈斥,亦由我国工人知识太低,行为太劣,而有以自取其咎。唐人街之腐败,久为世所诟病。留学生对于此不幸之同胞,有补救匡正之天职。欧洲留学界已有行之者,如巴黎之俭学会,对于法国招募华工,力持工价与法人平等及工人应受教育之议。俭学会并设一华工学校,授工人以简易国文、算术及法语,又刊《华工杂志》,用白话撰述,别附中法文对照之名词短语,以牖华工之知识。英国留学生亦有同样之事业,其所出杂志,定名《工读》。是皆于求学之暇,为同胞谋幸福者也。美洲华工,其需此种扶助尤急,而商人巨贾,不暇过问,惟待将来之学者急起图之耳。贵校平日对于社会服役,提倡实行,不遗余力,如校役夜课及通俗演讲等,均他校所未尝有。窃望常抱此主义,异日到美后,推行于彼处之华工,则造福宏矣。

(据《蔡孑民先生言行录》)

　　蔡元培在这篇演说词里探讨了近代中国高等教育以及留学教育的问题,是研究蔡元培高等教育思想及留学教育思想的重要文献。1872年,"留美幼童"的派遣已揭开了近代中国留学教育的序幕,但是真正对"留学教育"产生重大影响以及以后形成了一种制度的,是1911年作为留美预备学校的清华学堂之成立(1909年即已成立游美肄业馆)。清华学堂作为专门性的留美学校,从成立的那天起便对中国的近代化进程产生了重要的影响。

　　蔡元培在演说开篇处表达了两点感想,即他对"爱国主义"与"人道主义"的理解和困惑,无论是"爱国主义"还是"人道主义"都与其中一条有关,就是"世界主义"。爱国主义是人们的一种正常的情感,清华成立的原因是因为美国退还庚子赔款而予以建立，使人自然联想到国耻之辱，心生爱国之念；但爱国主义若发展到极致演变成国家主义，又会有其不利的一面的。蔡元培一方面认为国家主义看起来是必须的，因为国家要自卫，必须有常设的军队，但是一旦因为图谋国家生存、国家综合实力增强的缘故，又会牺牲人道。欧战自然是最好的例子。然而蔡元培的理想，恐怕既非单纯的国家主义，亦非热烈的爱国主义，他的向往还在"世界主义"，因为在他看来，由于国界的划分，国家的原因而阻碍了社会事业的发展，阻碍人谋取利益。那么究竟是国家重要，还是人生重要？因为对现有政府的不满意，所以，会有无政府主义的出现，我们不要忘记，作为文弱书生的蔡元培，也曾有过参加暗杀团的壮举，也曾一度信奉过无政府主义。但蔡元培仍然试图在理论上找到一个尽可能符合理想的解决之道，希望能够调和国家主义与世界主义的冲突，能让人们同时兼具爱国心与人道主义。在这里我们可以看出蔡元培作为民族资产阶级的代表，其个人的政治观念具有矛盾和冲突的一面。蔡元培期望人类大同的出发点是好的，达到理想世界的理念也是可嘉的，但未免过于虚幻，亦缺乏足够的论证。但是我们也应该看到蔡元培作为20世纪早期中国优秀知识分子内心的"宏大气魄"，能够放眼世界，胸怀天下。

在演说的第二部分，蔡元培谈到了自己对清华学子的三点希望，希望学生能够发达个性、信仰自由和服役社会。在蔡元培看来，教育就是要最大限度地挖掘人的本性和潜质，然后施以不同的教育，使每个人能够最大限度地发展其个性。尊重学生、对学生因材施教、培养学生个性是蔡元培一贯坚持的理念和践行的做法。在"各能发达其特性"这一目标的指导下，蔡元培阐发了如何对待外国思想文化的问题。当时国内对于外国文化有两种立场，一种是视外国文化为洪水猛兽，坚持固步自封，坚守本土文化的国粹派，还有一种是盲目崇拜外来文化，认为中国旧有的一切都是落后的，都是应该抛弃的，要向外国学习一切的全盘欧化论。作为对中国传统文化和外国文化都有深入研究的蔡元培认为，我们对外国文化思想应该采取慎重的态度，要择善而从，重在消化吸收，反对简单模仿和全盘欧化的错误倾向。蔡元培重视学习外国的同时，还十分强调学习时应采取的态度和目的。任何民族的文化都有精华和糟粕两个部分，我们应该取其精华，弃其糟粕，即学习要择善而从，应该认真分析，为我所需，为我所用。他认为单纯模仿、照搬照抄，只是一种稚拙的举动；而全盘欧化，则是消亡自己民族的特性，同化于他人，是完全错误的。他以高度的爱国主义精神和民族责任感，殷切勉励我国留学生应该具有坚强毅力，发愤图强，吸收外国文化的长处来发展我国文化。蔡元培认为大学有责任有义务服务社会，他称赞了清华办夜校及通俗演讲，均走在其他高校的前列。蔡元培以巴黎俭学会设华工学校，出华工杂志以及英国留学生办《工读》杂志帮助在英华工为例，希望清华学子赴美后能够发扬清华的服务社会的优良传统帮助在美的华工，既体现了蔡元培的大学应该服务社会的大学职能观，又体现了蔡元培个人心系劳工的赤子情怀。

（十）《以美育代宗教说——在北京神州学会演说词》[1]

兄弟于学问界未曾为系统的研究，在学会中本无可以表示之意见。惟既承学会诸君子责以讲演，则以无可如何中，择一于我国有研究价值之问题为到会诸君一言，即"以美育代宗教"之说是也。

夫宗教之为物，在彼欧西各国，已为过去问题。盖宗教之内容，现皆经学者以科学的研究解决之矣。吾人游历欧洲，虽见教堂棋布，一般人民亦多入堂礼拜，此

[1] 蔡元培.以美育代宗教说－在北京神州学会演说词[A].高平叔.蔡元培全集第三卷
(1917－1920) [M].北京:中华书局,1984: 30－34.

则一种历史上之习惯。譬如前清时代之袍褂，在民国本不适用，然因其存积甚多，毁之可惜，则定为乙种礼服而沿用之，未尝不可。又如祝寿、会葬之仪，在学理上了无价值，然戚友中既以请帖、讣闻相招，势不能不循例参加，藉通情愫。欧人之沿习宗教仪式，亦犹是耳。所可怪者，我中国既无欧人此种特别之习惯，乃以彼邦过去之事实作为新知，竟有多人提出讨论。此则由于留学外国之学生，见彼国社会之进化，而误听教士之言，一切归功于宗教，遂欲以基督教劝导国人。而一部分之沿习旧思想者，则承前说而稍变之，以孔子为我国之基督，遂欲组织孔教，奔走呼号，视为今日重要问题。

自兄弟观之，宗教之原始，不外因吾人精神作用而构成。吾人精神上之作用，普通分为三种：一曰知识；二曰意志；三曰感情。最早之宗教，常兼此三作用而有之。盖以吾人当未开化时代，脑力简单，视吾人一身与世界万物，均为一种不可思议之事。生自何来？死将何往？创造之者何人？管理之者何术？凡此种种，皆当时之人所提出之问题，以求解答者也。于是有宗教家勉强解答之。如基督教推本于上帝，印度旧教则归之梵天，我国神话则归之盘古。其他各种现象，亦皆以神道为惟一之理由。此知识作用之附丽于宗教者也。且吾人生而有生存之欲望，由此欲望而发生一种利己之心。其初以为非损人不能利己，故恃强凌弱，掠夺攫取之事，所在多有。其后经验稍多，知利人之不可少，于是有宗教家提倡利他主义。此意志作用之附丽于宗教者也。又如跳舞、唱歌，虽野蛮人亦皆乐此不疲。而对于居室、雕刻、图画等事，虽石器时代之遗迹，皆足以考见其爱美之思想。此皆人情之常，而宗教家利用之以为诱人信仰之方法。于是未开化人之美术，无一不与宗教相关联。此又情感作用之附丽于宗教者也。天演之例，由浑而画。当时精神作用至为浑沌，遂结合而为宗教。又并无他种学术与之对，故宗教在社会上遂具有特别之势力焉。

迨后社会文化日渐进步，科学发达，学者遂举古人所谓不可思议者，皆一一解释之以科学。日星之现象，地球之缘起，动植物之分布，人种之差别，皆得以理化、博物、人种、古物诸科学证明之。而宗教家所谓吾人为上帝所创造者，从生物进化论观之，吾人最初之始祖，实为一种极小之动物，后始日渐进化为人耳。此知识作用离宗教而独立之证也。宗教家对于人群之规则，以为神之所定，可以永远不变。然希腊诡辩家，因巡游各地之故，知各民族之所谓道德，往往互相抵触，已怀疑于一成不变之原则。近世学者据生理学、心理学、社会学之公例，以应用于伦理，则知具体之道德不能不随时随地而变迁；而道德之原理则可由种种不同之具体者而归纳以得之；而宗教之演绎法，全不适用。此意志作用离宗教而独立之证也。

知识、意志两作用，既皆脱离宗教以外，于是宗教所最有密切关系者，惟有情感作用，即所谓美感。凡宗教之建筑，多择山水最胜之处，吾国人所谓天下名山僧占多，即其例也。其间恒有古木名花，传播于诗人之笔，是皆利用自然之美以感人者。其建筑也，恒有峻秀之塔，崇闳幽邃之殿堂，饰以精致之造像，瑰丽之壁画，构成黯淡之光线，佐以微妙之音乐。赞美者必有著名之歌词，演说者必有雄辩之素养，凡此种种，皆为美术作用，故能引人入胜。苟举以上种种设施而摒弃之，恐无能为役矣。然而美术之进化史，实亦有脱离宗教之趋势。例如吾国南北朝著名之建筑则伽蓝耳，其雕刻则造像耳，图画则佛像及地狱变相之属为多；文学之一部分，亦与佛教为缘。而唐以后诗文，遂多以风景人情世事为对象；宋元以后之图画，多写山水花鸟等自然之美。周以前之鼎彝，皆用诸祭祀。汉唐之吉金，宋元以来之名瓷，则专供把玩。野蛮时代之跳舞，专以娱神，而今则以之自娱。欧洲中古时代留遗之建筑，其最著者率为教堂，其雕刻图画之资料，多取诸新旧约；其音乐，则附丽于赞美歌；其演剧，亦排演耶稣故事，与我国旧剧"目莲救母"相类。及文艺复兴以后，各种美术，渐离宗教而尚人文。至于今日，宏丽之建筑多为学校、剧院、博物院。而新设之教堂，有美学上价值者，几无可指数。其他美术，亦多取资于自然现象及社会状态。于是以美育论，已有与宗教分合之两派。以此两派相较，美育之附丽于宗教者，常受宗教之累，失其陶养之作用，而转以激刺感情。盖无论何等宗教，无不行扩张己教、攻击异教之条件。基督教中又有新旧教之战，亦亘数十年之久。至佛教之圆通，非他教所能及。而学佛者苟有拘牵教义之成见，则崇拜舍利受持经忏之陋习，虽通人亦肯为之。甚至为护法起见，不惜于共和时代，附和帝制。宗教之为累，一至于此，皆激刺感情之作用为之也。

鉴激刺感情之弊，而专尚陶养感情之术，则莫如舍宗教而易以纯粹之美育。纯粹之美育，所以陶养吾人之感情，使有高尚纯洁之习惯，而使人我之见、利己损人之思念，以渐消沮者也。盖以美为普遍性，决无人我差别之见能参入其中。食物之入我口者，不能兼果他人之腹；衣服之在我身者，不能兼供他人之温，以其非普遍性也。美则不然。即如北京左近之西山，我游之，人亦游之；我无损于人，人亦无损于我也。隔千里兮共明月，我与人均不得而私之。中央公园之花石，农事试验场之水木，人人得而赏之。埃及之金字塔，希腊之神祠，罗马之剧场，瞻望赏叹者若干人，且历若干年，而价值如故。各国之博物院，无不公开者，即私人收藏之珍品，亦时供同志之赏览。各地方之音乐会、演剧场，均以容多数人为快。所谓独乐乐不如与人乐乐，与寡乐乐不如与众乐乐，以齐宣王为惛，尚能承认之。美之为普遍性可知矣。且美之批评，虽间亦因人而异，然不曰是于我为美，而曰是为美，是亦以普遍性为标准之一证也。

美以普遍性之故，不复有人我之关系，遂亦不能有利害之关系。马牛，人之所利用者，而戴嵩所画之牛，韩干所画之马，决无对之而作服乘之想者。狮虎，人之所畏也，而芦沟桥之石狮，神虎桥之石虎，决无对之而生搏噬之恐者。植物之花，所以成实也，而吾人赏花，决非作果实可食之想。善歌之鸟，恒非食品。灿烂之蛇，多含毒液。而以审美之观念对之，其价值自若。美色，人之所好也；对希腊之裸像，决不敢作龙阳之想；对拉飞尔、若鲁滨司之裸体画，决不敢有周昉秘戏图之想。盖美之超绝实际也如是。且于普通之美以外，就特别之美而观察之，则其义益显。例如崇闳之美,有至大至刚两种。至大者如吾人在大海中,惟见天水相连,茫无涯涘。又如夜中仰数恒星,知一星为一世界,而不能得其止境.顿觉吾身之小虽微尘不足以喻,而不知何者为所有。其至刚者,如疾风震霆,覆舟倾屋,洪水横流,火山喷薄,虽拔山盖世之气力,亦无所施,而不知何者为好胜。夫所谓大也,刚也,皆对待之名也。今既自以为无大之可言,无刚之可恃,则且忽然超出乎对待之境,而与前所谓至大至刚者胗合而为一体,其愉快遂无限量。当斯时也,又岂尚有利害得丧之见能参入其间耶! 其他美育中,如悲剧之美,以其能破除吾人贪恋幸福之思想。《小雅》之怨悱,屈子之离忧,均能特别感人。《西厢记》若终于崔、张团圆,则平淡无奇;惟如原本之终于草桥一梦,始足发人深省。《石头记》若如《红楼后梦》等,必使宝、黛成婚,则此书可以不作;原本之所以动人者,正以宝、黛之结果一死一亡,与吾人之所谓幸福全然相反也。又如滑稽之美,以不与事实相应为条件。如人物之状态,各部分互有比例。而滑稽画中之人物,则故使一部分特别长大或特别短小。作诗则故为不谐之声调,用字则取资于同音异义者。方朔割肉以遗细君,不自责而反自夸。优旃谏漆城,不言其无益,而反谓漆城荡荡,寇来不得上,皆与实际不相容,故令人失笑耳。要之,美学之中,其大别为都丽之美,崇闳之美(日本人译言优美、壮美)。而附丽于崇闳之悲剧,附丽于都丽之滑稽,皆足以破人我之见,去利害得失之计较,则其所以陶养性灵,使之日进于高尚者,固已足矣。又何取乎侈言阴鸷,阴异派之宗教,以激刺人心,而使之渐丧其纯粹之美感为耶。

(据《蔡孑民先生言行录》)

1917年4月8日,蔡元培在北京神州学会发表《以美育代宗教》的演说词。蔡元培被认为是现代中国艺术教育、音乐教育、美感教育(美育)的开拓者、奠基人。他不仅在理论上指明了方向,而且在实践中树立了榜样。他一方面演说、著文、授课倡导美育;另一方面亲自发起、组织、参与、支持美育事业。早在蔡元培游学德国时就对美感教育印象深刻。1912年,他首先将美育一词引入中国,并提出了包含有美育的"五育并举"的教育方针。为了提倡美育,他每遇机会便讲演宣传。从1913年6月他在上海城东女学演说"养成优美高尚思想",提出学校教育"美术之不可少"开始,在其一生当中有关美育的演讲数不胜数。在演讲《以美育代宗教》之前,1917年1月1日,蔡元培在北京政学会欢迎会上发表演说;1917年3月31日,在直隶省定县中学的演说均涉及到美感教育的论述。此后,蔡元培又多次作了或专门或涉及到美育的演说。《以美育代宗教说》是研究蔡元培美育思想的一篇重要的文章。

《以美育代宗教说》提出了用美育代宗教的学说。为什么蔡元培会提出这一学说呢?主要是和当时的时代背景息息相关,可以说当时国内思想界是一片混乱,内忧外患。1911年辛亥革命推翻了清王朝,旧的价值体系瓦解,新的思想体系尚未得以建立,"宗教救国论"滥觞,一些知识分子试图通过建立新宗教或革新与利用原宗教改造国民性;与此同时,孔教运动甚嚣尘上,袁世凯复辟后掀起尊孔守旧的潮流,同时,以康有为为代表的尊孔复古势力主张将孔学宗教化,建立孔教;而当时帝国主义在华大量兴办教会学校,宣传其宗教思想,加强对中国的文化侵略。在这样内忧外患的背景下,蔡元培提出"以美育代宗教"的主张具有很强的针对性和战斗精神,它既是对不切实际的宗教救国思潮的一个直接的否定,又是对统治者为其政治需要而鼓吹孔教的一种间接抵制,也是对外国势力侵略中国文化教育的一种反抗。

本文首先论证了以美育代替宗教的原因。蔡元培从人的精神作用的区分及其在宗教演化史上与宗教的关系说起。作者指出,宗教是精神的知识、意志、感情三种相互作用的产物。早先的宗教常常兼具这三种作用:在未开化的时代,人们的头脑不发达,思维简单,对自己和外界了解很少,于是就把人与人以外的各种事物都看作一种不可思议的事情,提出了各种各样的问题,于是有宗教家来勉强回答人关于自身和世界的诸种问题,这就是知识作用催生的宗教;在道德上，人由生存的欲望而逐渐发展成一种利己之心，后来则经验越来越多，知道利人是必不可少的，于是有宗教家开始提出利他主义，这是意志作用催生的宗教；宗教家利用非常普通的人人皆有的爱美之心来引导人的信仰，这是情感作用催生的宗教。由此使得宗教在社会上势力便越来越大，换言之，在原始时代，没有其他学术与宗教相对，故宗教得以兼有人之精神的三种作用，占据文化的唯一地位。但随着社会文化的进步和科学的发展，许多不可思议的现象可以用科学加以解释和证明。知识作用逐渐独立于宗教，不再以宗教为知识。道德规范，古人本来是归之于神灵的，可近代生理学、心理学、社会学的发展，使人们也逐渐懂得了道德并非是永恒不变的范畴，道德可以随着时间的变化而变化，于是意志作用也脱离了宗教。以后随着社会进步，科学文化发达，知识作用与意志作用逐渐脱离宗教而独立，自成专门的学问即科学和道德。如此一来，宗教只剩下了与之关系最密切的情感作用，即美感。但是美术的发展历史，也有脱离宗教的趋势，至文艺复兴后，美术逐渐脱离宗教而崇尚人文。至此，就美育而言，出现了两种主张，一种是主张美育与宗教仍然保持其原本的合的关系；一种是主张美育与宗教分离。蔡元培认为，两者相较，后者更为可取，因为美术多取材于自然现象及社会现象，而宗教却是扩张本教、攻击异教，"美育之附丽于宗教者，常受宗教之累，失其陶养之作用，而转以激刺感情。"在这种情况下，当然要用美育而不是宗教来陶冶人的情操了。

蔡元培指出"纯粹之美育，所以陶养吾人之感情，使有高尚纯洁之习惯，而使人我之见、利己损人之思念，以渐消沮者也"。蔡元培认为纯粹的美育具有普遍性，不存在人我差别之见，也不存在利害关系，它是超越实际的。纯粹的美育可以陶冶心灵，怡情养性，使人一天天高尚起来，这是以激刺人心为目的的宗教做不到的。蔡元培在这里指出了美育的功能，美育能够促进人的德性的发展，纯净人的灵魂，去除人的功利心，使人变得更纯粹更高尚。

　　蔡元培提倡以美育代宗教，反对宗教迷信，从教育的视角来看，这和蔡元培一贯主张的"教育独立"的思想相一致，同时有利于培养青年学生的健全人格；从社会的视角来看，与"五四"运动中打倒孔家店，反对旧礼教的方向相一致，有利于重塑国人的信仰，起到了思想启蒙的作用。

（十一）《在南开学校全校欢迎会上的演说词》

　　余自归国以来，居京瞬将一稔。虽经贵校数约来津，只以事冗，未获践诺，深以为恨。兹者承贵校励学、敬业、演说三会约邀，来与诸君为学术上之讨论，并可请益于诸君，是诚可欣喜者。既来兹，复蒙贵校董严先生、校长张先生殷殷招待，开会欢迎，得与全校诸君共话，感激实甚。

　　贵校为国中知名之学校，鄙人闻名久矣，深以未得参观为憾。今兹之来，未得有所预备，姑取各学校普通注重之德、智、体三育，为诸君言之。三育之重，各国学校殆莫不皆然，在中国则有名无实者犹居多数，此实大可商榷者也。

　　今请首言体育：古之所谓勇夫、侠士，君子称之，此即体育之发端。逮汉，人民犹有佩剑之遗风，久之，则此俗渐失，人人习于颓靡，身体柔弱，腰弓背屈。群以为知识发达，道德增加，便足为毕人生事，于是，囚首垢面者，反目为是，雄躯壮干者，鄙为不足道。殊不知有健全之身体，始有健全之精神；若身体柔弱，则思想精神何由发达？或曰，非困苦其身体，则精神不能自由。然所谓困苦者，乃锻炼之谓，非使之柔弱以自苦也。今之学校中，盖咸知注视体育者，但国人之惰性甚深，致学生仍不得充量以提倡。贵校连捷华北，体育已臻佳境。东亚虽败，然断不可视为败兴之举。以体育之提倡，贵乎全体四万万人中。设尽四万人体育发达，余者仍颓唐故我，则全国体育依然列于软弱之类。矧东亚与赛诸君，尽属之学校，其数不过有数十人，即胜亦不得便以为荣；故此次之败，乃赐我良机，俾体育发达者不以是自满，且因之愈倡练习之风。而贵校体育号称发达者，大望始终勿怠，为国人倡焉。

次言智育：学校中之智育，多不外乎教科书。顷闻贵校教科书大都以英文充用，此法甚善。盖贵校非他校比，贵校学生大多数为将来升学研究之人，而他种学校尚多急于生活之学生。昔黄韧之先生主张职业教育，即本此故。原中国今日之学生，受国家之影响，家庭之阻挠，所志多不能遂，转而入于谋生自活之途，此职业教育所以急待注意者也。若诸君者，则升学乃惟一之方针，固无须谋及职业矣。但升学亦有二种方向：一即倾向于研究，一即得有普通专门学术。二者乃此后升学必由之径，愿诸君审察之。教授假诸外人，此乃藉径熟习外国语言，以备研究各种科学。英文科学高于他国，固无论矣；若德若法，要亦可资溢助。吾国学规，有英、德文之须习，而各国亦以多习他国语言为则。若贵校既习英文，复新增德文。此后吾甚盼法文、义大利文亦靡不增加。盖学校范围小者，其力不充，不得不因陋就简。至贵校则数达千人，前程方兴未艾，扩而大之，固甚易易也。

论德育，在国中甚属难言。旧日道德，隐然有一种魔力，法规所定，无论当否，无丝毫违抗改变余地。国之君主，家之家长，私塾之师，其令之严，被动者惟有服从，无所谓自由其思想，使居于判断是非之地。此种思想之箝制，积数千年，至今日学校校长犹存此风。其是也，全校是之；非也，全校非之。于是，校风播荡，国风斯成，国中思想之不自由，较之各国思想发达者，有霄壤之别矣。然贵校于斯，殊异于众。贵校董严先生于旧道德素称高贵，而校长张先生又属基督徒；但二先生决不因己之信仰强诸君以为从。校中各会会章不一，入者纯属自由择选，无丝毫信仰之束缚。此种自由足为未来之道德开一新径。吾甚愿诸君守此勿变，以养成此种优美之习惯焉。

（据南开学校《校风》第67期，1917年5月30日）

1917年5月23日，南开学校的三个学生团体开联合演讲会，被邀请了好几次的蔡元培从北京来到天津，专门进行演讲。蔡元培在这篇演说词中谈到了个人对德智体三育的看法。蔡元培认为健康之精神寓于健康之身体，希望南开学校能够弘扬重视体育的传统，在全国提倡体育锻炼，以锻炼国人体魄，为思想的发达奠定良好的基础。蔡元培接着谈到了智育，在南开学校的智育是为升学做准备的，而在当时的社会条件下，很多学生在为生活而奔波忙碌，因此有教育家提倡职业教育。蔡元培认为升学有两种取向，一种是为了研究，一种是为了获得专门的学问，蔡元培认为这两种取向都是以后继续深造的必由之路。他希望南开的学生能够细细审查。最后，蔡元培谈及德育，蔡元培坦言，在当时之中国，旧道德仍然居于统治地位，专制作风明显，而学校的校风是促使国风更新的关键，改良校风有助于形成新的国家的思想自由的风气。蔡元培盛赞了南开学校的校董和校长的思想自由、信仰自由的治校之道，认为这种思想自由、信仰自由可以为未来的道德开辟一条新的路径，希望广大南开学子能够坚守传统，形成良好的习惯。

在这篇演说词中，蔡元培仍旧坚持了他一贯的要对学生进行全面的教育，希望学生全面发展，成为具有健全人格和独立个性的人的主张；同时也体现了他希望学校能够实行思想自由、信仰自由的方针，以树新人、开新风的主张。

（十二）《在浙江旅津公学演说词》

七月六日为浙江旅津公学举行暑假休业式，承穆校长之召，以同乡资格，得与盛会，极为荣幸。

近日张勋擅行复辟，国本摇动，诸君对之当咸有所感愤，而知其必败。诸君须知，（由此）事即可以观有教育与无教育之优劣，新教育与旧教育之胜负。大凡吾人做事，必先审其可能与不可能，应为与不应为，然后定其举止。张勋欲以一家之兵力压制全国，此事之不可能也；以五族共和之国，而归之一姓，此事之不应为也。张勋竟不事先审度，悍然施行，称奴才于竖子之门，甘冒天下之大不韪，此无教育之害也。与张勋同谋之康有为、梁鼎芬辈，亦尝受教育矣，其诗文学术，国人亦颇多尊崇之。然此乃旧教育，故于世界之大势、政体之利弊、国民之心理，未尝稍事研究，胶执旧说，顽固成性，竟与无教育之张勋同做无谋之事，此未尝受新教育之害也。

今之言新教育者，以体育、智育、德育并重，其功效胜于旧教育什百。以言体育，旧时习惯，偏重勤习，而于身体之有妨碍与否，皆所不顾，且以身体与灵魂为二物。人之智慧学术，皆由灵魂出，故重视灵魂，而轻视身体。今经科学发明，人之智慧学术，皆由人之脑质运用之力而出，故脑力盛则智力富，身体弱则脑力衰，新教育之所以注重体操运动，实基于此。

以言智育，旧日习惯，大都偏重墨守，大言不惭，食古不化；今之新教育，每以科学炼其头脑，使为有规则之研究，且就前人研究已到地步，追迹探究，而为更进之发明，不故步自封，不墨守旧说，故能精益求精，日有所发明。

以言德育，旧日每言忠君爱国，若以国属于君者，法之路易十四所谓"朕即国家"，即此意也。故人一举一动，往往就一人一家着想，而乏团体社会之观念。此次复辟运动，皆含此意。今之言教育者，以为国乃万民所共有，非一姓所独擅，故一举一动，往往就万民全体着想，故言德育，每注重于公道。又旧日德育，每偏重于礼而不注重于乐。吾国古代，礼、乐并重，当知乐与德育大有关系。盖乐者，所谓美的教育也。古人每称乐以和众，今学校唱歌，全班学生合和，亲爱和乐之意，油然而生。此亦发扬公德之一作用也。若偏重于礼，则人人拘束，而不相亲近矣。此皆新教育之胜于旧教育者也。诸君来此受新教育，此张勋、康有为所未得享受之福，而诸君享受之。将来学成，必有补时局，不禁拭目望之。

（据天津《大公报》1917年7月14日）

1917年7月6日，蔡元培应浙江旅津公学穆校长之邀参加暑假休业仪式并发表了此篇演说。蔡元培在这篇演说中批判了张勋复辟，并认为张勋复辟是受旧教育之害才会做出冒天下之大不韪的举动，而康有为、梁鼎芬等人也是因为没有接受新教育才会与张勋同做无谋之事。接着蔡元培论述了新教育的特点及新旧教育之不同。新教育是体育智育德育并重的教育。蔡元培认为人运用大脑进行思考，进而从事各项学术研究，脑力的强弱又与个人的体质好坏有密切关系，所以，教育要注重体育运动。也就是说身体是基础，道德智慧的发展都依赖于身体，所以体育十分重要。蔡元培还认为，体育活动要全面顾及体力与脑力。不仅把发展体力与脑力结合起来，而且提及体育与智慧、灵魂（即精神）的关系，对于体育与智育及德育的关系论述比较全面。接着蔡元培阐述了智育，认为新教育和旧教育之不同地方在于新教育能够开拓进取，精益求精，不断地追求学术上的进步；而旧教育墨守成规，食古不化。接着蔡元培论述了德育。蔡元培认为旧式的德育在德育目标上注重的是教导和培养人们忠君的观念，致使人们缺乏团体和社会观念。而新教育的德育注重的是公道，为全体民众着想。而旧教育的德育偏重于礼而忽视乐，新教育的德育应该礼乐并重。蔡元培重视通过音乐、美术教育培养学生的道德品质。他认为通过"乐"即美的教育，能使学生之间亲密和谐，养成他们彼此亲爱的品德。最后蔡元培表达了对学生的希望，希望他们能够学有所成，挽救时局。在这篇演说词中，蔡元培仍然表达了他对新教育的理解，和他所提出的"新教育方针"的宗旨是一致的，要通过体育、德育和智育以及美感教育等来促进学生的全面发展，为社会造就新人来改造社会。

（十三）《北京大学校役夜班开学式演说》

校役夜课，各学校早有行之者。本校开办已二十年，至今日而始能开学，实为抱歉之事。在常人之意，以学校为学生而设，与校役何涉。不知一种社会，无论小之若家庭、若商店，大之若国家，必须此一社会之各人皆与社会有休戚相关之情状，且深知此社会之性质，而各尽其一责任。故无人不当学，而亦无时不当学也。诸位看我年纪，已亦不小，事情亦颇忙，然我当有暇时，尚不废学。本校职员，皆自励于学；学生，则职员助之为学。惟诸位独无就学之机会，未免偏枯。此所以有夜课之设，而且今日特举此郑重之开学式也。

我以为夜课之有益于诸位者有二：（一）有益于现在之地位。诸位现在所任之事，或在教室，或在图书馆，或在庶务处。能书能算，则于送信购物等事，不致误会；略涉理科，则于搬运仪器、检收药品之事，可有把握；略解外国语，则于外国教员或来宾之往来，易于应对；且略知修身大义，则于卫生之道，勤勉诚实之行，皆能心知其意，而切实行之，必不至有不正之行，取非分之财，亦将不至因境遇之不如人，而酿成神经病。（二）有益于他种职业之预备。在校之人，既人人与本校休戚相关，自愿其永久在校任事。然事变无常，或以校务之改变，或以本人境遇之关系，有不能不离校者，若仅恃前清时代公馆中门房打杂之普通技能以应，也恐人浮于事，难得相当位置。今受此夜课之教育，知书算则可应用于商店；知理科大意，则改习农工各业，易于见长；若于性之所近，力求进步，亦未尝不可成为学者，为乡村学校教师。此皆有益于诸位者也。故学生诸君，特以就学之暇，为诸位担任教科，他人为诸位尚热心如此，诸位自己对于切身之事，岂不更宜热心？本校开办夜课之始，不能不特设奖励及惩戒之例，以防流弊。然终望诸位人人勤奋，使惩奖之例，竟可废撤，则尤我之所希望也。

（据《北京大学日刊》第112号，1918年4月16日）

这篇演说词是蔡元培在北京大学校役夜班开学式上发表的。演说词体现了蔡元培的社会教育和成人教育思想。早在蔡元培任教育总长时就专设社会教育一司，成为中国教育史上的一个创举。蔡元培在演说词的第一部分谈及了开办校役夜课的原因在于给校役们提供上学的机会，使他们能够知晓社会的性质并尽到个人的责任。蔡元培认为"无人不当学，而亦无时不当学也"，这体现了蔡元培的终身教育和普及教育的思想。蔡元培希望"济教育之不平，而期于普及"，他希望可以通过教育的普及来促进教育的平等，进而改变社会的贫富不均。虽然这种力图通过普及教育来改变社会的贫富差距实现社会平等是不可能实现的，但是通过发展社会教育来促进教育的普及与平等是有一定道理的。"无人不当学"，就是认为人人不论贫富、性别、阶级的差异都应该有接受教育的权利，这是一种普及教育的思想。而蔡元培认为人应该"无时不当学"，而且以自己为例，表明了他的终身教育思想，正所谓"活到老，学到老"。而无论是终身教育还是普及教育都是有利于当时中国教育发展的。

接着蔡元培谈到了夜课的作用有两种：第一种就是有助于夜役们巩固当时的地位，换句话说对其当时所承担的工作是有帮助的，除了对其工作有利之外，还有助于其道德修养的提升和心理承受能力的增强，能够使人更加坚韧地面对生活。第二种就是有益于为谋其他职业做准备，有利于将来的职业流动和变换。蔡元培在演说中衷心地希望夜课的学员们能够热心学习，表达了对学员们的殷切期望。

北京大学办校役夜班让学生在学习的空闲时间给学员们做教师，有利于学生更好地了解社会，服务于他人，可以更好地将学校和社会相联系起来，也是蔡元培高等教育思想中大学服务社会职能的实践体现。蔡元培利用高等学校兴办夜校服务大众的实践所体现的社会教育和成人教育思想，对于我们今天建立学习化社会扩大教育对象，更好地实现教育服务社会的功能都有一定的启示价值。

（十四）《新教育与旧教育之歧点——在天津中华书局"直隶全省小学会议欢迎会"的演说词》

　　今日承京津中华书局代表之招，得与诸先生晤言一堂，不胜荣幸。中华书局，为供给教育资料之机关；诸君子皆有实施教育之职务。今日所相与讨论者，自然为教育问题。鄙人于小学教育，既未有经验；又于直隶省教育情形，未有所考察，不能为切实之贡献。谨以平日对于教育界之普通感想，质之于诸先生。

　　夫新教育所以异于旧教育者，有一要点焉，即教育者非以吾人教育儿童，而吾人受教于儿童之谓也。吾国之旧教育以养成科名仕宦之才为目的。科名仕宦，必经考试，考试必有诗文，欲作诗文，必不可不识古字，读古书，记古代琐事。于是先之以《千字文》、《神童诗》、《龙文鞭影》、《幼学须知》等书；进之以四书、五经；又次则学为八股文、五言八韵诗；其他若自然现象、社会状况，虽为儿童所亟欲了解者，均不得阑入教科，以其于应试无关也。是教者预定一目的，而强受教者以就之；故不问其性质之动静，资禀之锐钝，而教之止有一法，能者奖之，不能者罚之，如吾人之处置无机物然，石之凸者平之，铁之脆者煅之；如花匠编松柏为鹤鹿焉；如技者教狗马以舞蹈焉；如凶汉之割折幼章，而使为奇形怪状焉；追想及之，令人不寒而栗。新教育则否，在深知儿童身心发达之程序，而择种种适当之方法以助之。如农学家之于植物焉，干则灌溉之，弱则支持之，畏寒则置之温室，需食则资以肥料，好光则复以有色之玻璃；其间种类之别，多寡之量，皆几经实验之结果，而后选定之；且随时试验，随时改良，决不敢挟成见以从事焉。故治新教育者，必以实验教育学为根底。实验教育学者，欧美最新之科学，自实验心理学出，而尤与实验儿童心理学相关。其所试验者，曰感觉之阈，曰感觉之分别界，曰空间与时间之表象，曰反射，曰判断，曰注意力，曰同化作用，曰联想，曰意志之阅历，曰统觉，凡一切心理上之现象皆具焉。其试验之也，或以仪器，或以图画，或以言语，或以文字。其所为比较者，或以年龄，或以男女之别，或以外界一切之关系，或以祖先之遗传性，因而得种种普通之例，亦即因而得种种差别之点。虽今日尚未达完全之域，然研究所得，视昔之纯凭臆测者，已较有把握矣。

　　因而知教育者，与其守成法，毋宁尚自然；与其求划一，毋宁展个性。请举新教育之合于此主义者数端。一曰托尔斯泰（Tolstoy）之自由学校，其建设也，尚在实验教育学为未起以前，乃本卢梭、裴斯泰洛齐、弗罗贝尔等之自然主义而推演之者；其学生无一定之位置，或坐于凳，或登于棹，或伏于窗槛，或踞于地板，惟其所欲；其课程亦无定时，惟学生之愿，常以种种对象间厕而行之；其教授之形式，惟有问答。闻近年比利时亦有此种学校，鄙人欲索其章程，适欧战起，比为德所据，不可得矣。二曰杜威（Dewey）之实用主义，杜威尝著《学校与普通生活》一书，力言学校教科与社会隔绝之害；附设一学校于芝加哥大学，即以人类所需之衣、食、住三者为工事标准，略分三部：一曰手二，如木工、金工之类；二曰烹饪；三曰缝织，而描画模型等皆属之。即出此而授以学理，如因烹饪而授以化学，因裁缝而授以数学，因手工而授以物理学、博物学，因原料所自出而授以地学，因各时代各民族工艺若服食之不同而授以历史学、人类学等，是也。三曰蒙台梭利之儿童室，即特设各种器具以启发儿童之心理作用者，是也；吾国已有译本，想诸君已见之。四曰某氏之以工作为操练说，此说不忆为何人所创，大约以能力说为基础。能力者，西方所谓Energy也，近世自然哲学，以世界一切现象，不外乎能力之转移，如然（燃）煤生热，热能蒸水成汽，汽能运机，机能制器；即一种能力之由煤，而热，而汽，而机，而器，递相转移也。惟能力之转移，有经济与不经济之别，如水力可以运机发电，而我国海潮瀑布之属皆置而不用，是即不经济之一端也。近世教育，如手工图画等科，一方面为目力手力之操练，而一方面即有成绩品，此能力转移之经济者也。其他各种运动，大率只有操练，并无出品，则为不经济之转移。若合个人生理及社会需要两方面而研究之，设为种种手力足力之工作，以代拍球蹴球之戏；设为种种运输之工作，以利用竞走竞漕之役；则悉于体育之中，养成勤务之习惯，而一切过激之动作，凌人之虚荣心，亦可以免矣。其他类是之新说，为鄙人所未知者，尚不知凡几，亦足以见现代教育界之进步矣。吾国教育界，乃尚牢守几本教科书，以强迫全班之学生，其实与往日之《三字经》、四书、五经等，不过五十步与百步之相差。欲救其弊，第一，须设实验教育之研究所。第二，教员须有充分之知识，足以应儿童之请益与模范而不匮。第三，则供给教育品者，亦当有种种参考之图画与仪器，以供教员之取资。如此，则始足语于新教育矣。

（据《北京大学日刊》第150、151号，1918年5月30、31日）

《新教育与旧教育之歧点——在天津中华书局"直隶全省小学会议欢迎会"的演说词》是蔡元培在天津中华书局"直隶全省小学会议欢迎会"上的演说词，发表于1918年5月30、31日的《北京大学日刊》，转载于《新青年》第5卷第1号。在本文中，蔡元培反对和抨击了压抑儿童个性和摧残儿童自由发展的封建教育，提倡"尚自然、展个性"的自由民主主义教育。

在本文中，蔡元培首先论证了新旧教育的不同。他鞭挞了旧教育摧残儿童个性、压抑儿童自由的弊端，认为它是"教者预定一目的，而强受教者以就之"，也就是教育者事先把教育目的规定好了，强迫受教育者来服从教育目的，来按照教育者事先规定的路径去发展。我们说教育目的应该是有预见性的，对未来有指导价值。但是蔡元培所批判的旧教育主要是忽视儿童的主体性。教学方法极端单调，教学手段单一，不仅违反自然规律，而且也违反了儿童成长的规律，硬把成人的观念强加给儿童，束缚儿童个性的自由发展。与旧教育相比，新教育以实验教育学为基础，"在深知儿童身心发达之程序，而择种种适当之方法以助之"。即按照儿童的身心发展之规律, 能够选择合适的教学方法帮助儿童成长, 使儿童自然发展。所以新教育不同于旧教育之处在于"教育者非以吾人教育儿童, 而吾人受教于儿童", 即意味着不是让儿童去被动地适应教育者, 适应教师, 而是让教师去了解儿童, 发现儿童, 帮助儿童成长。因此, 他大力提倡"教育者, 与其守成法, 毋宁尚自然; 与其求划一, 毋宁展个性", 让教师能够在遵循儿童身心发展规律的基础上去创造, 让教师以发展儿童自由的个性为目的。其次, 文章介绍了当时国外重视发展儿童个性的教育思潮及其成果, 如托尔斯泰的自由学校、杜威的芝加哥大学实验学校、蒙台梭利的儿童室以及欧美的劳作教育。与之对照, 蔡元培批判了国内教育界"尚牢守几本教科书, 以强迫全班之学生"的注入式教学法。为此, 他提倡实验教育学, 建议: "第一, 须设实验教育之研究所。第二, 教员须有充分之知识, 足以应儿童之请益与模范而不匮。第三, 则供给教育品者, 亦当有种种参考之图画与仪器, 以供教员之取资"。蔡元培的"发展个性, 崇尚自然"的教育思想, 主张解放学生个性, 反对封建的死板的灌输的教育对当时的教育界起到了很好的思想启蒙作用。同时, 蔡元培提倡启发式教学, 反对注入式教学; 提倡尊重儿童, 理解儿童, 进行教育科学调查和研究, 教师应该具有渊博的知识, 应当为教师教学和研究提供充足的教学资源, 对于我们今天的教育教学研究仍有很强的参考价值。

(十五)《北京大学月刊发刊词》

北京大学之设立, 既二十年于兹。向者自规程而外, 别无何等印刷品流布于人间。自去年有《日刊》, 而全校同人始有联络感情、交换意见之机关, 且亦借以报告吾校现状于全国教育界。顾《日刊》篇幅无多, 且半为本校通告所占, 不能载长篇学说, 于是有《月刊》之计划。

以吾校设备之不完全，教员之忙于授课，而且或于授课以外，兼任别种机关之职务，则夫《月刊》取材之难，可以想见。然而吾校必发行《月刊》者，有三要点焉：

一曰，尽吾校同人所能尽之责任。所谓大学者，非仅为多数学生按时授课，造成一毕业生之资格而已也，实以是为共同研究学术之机关。研究也者，非徒输入欧化，而必于欧化之中为更进之发明；非徒保存国粹，而必以科学方法，揭国粹之真相。虽曰吾校实验室、图书馆等，缺略不具；而外界学会、工场之属，无可取资，求有所新发明，其难固倍蓰于欧美学者。然十六七世纪以前，欧洲学者，其所凭借，有以逾于吾人乎？即吾国周、秦学者，其所凭借，有以逾于吾人乎？苟吾人不以此自馁，利用此简单之设备、短少之时间，以从事于研究，要必有几许之新义，可以贡献于吾国之学者，若世界之学者。使无《月刊》以发表之，则将并此少许之贡献，而靳而不与，吾人之愧歉当何如耶？

二曰，破学生专己守残之陋见。吾国学子，承举子，文人之旧习，虽有少数高才生知以科学为单纯之目的，而大多数或以学校为科举，但能教室听讲，年考及格，有取得毕业证书之资格，则他无所求；或以学校为书院，媛媛姝姝，守一先生之言，而排斥其他。于是治文学者，恒蔑视科学，而不知近世文学，全以科学为基础；治一国文学者，恒不肯兼涉他国，不知文学之进步，亦有资于比较；治自然科学者，局守一门，而不肯稍涉哲学，而不知哲学即科学之归宿，其中如自然哲学一部，尤为科学家所需要；治哲学者，以能读古书为足用，不耐烦于科学之实验，而不知哲学之基础不外科学，即最超然之玄学，亦不能与科学全无关系。有《月刊》以网罗各方面之学说，庶学者读之，而于专精之余，旁涉种种有关系之学理，庶有以祛其褊狭之意见，而且对于同校之教员及学生，皆有交换知识之机会，而不至于隔阂矣。

三曰，释校外学者之怀疑。大学者，"囊括大典，网罗众家"之学府也。《礼记》《中庸》曰："万物并育而不相害；道并行而不相悖。"足以形容之。如人身然，官体之有左右也，呼吸之有出入也，骨肉之有刚柔也，若相反而实相成。各国大学，哲学之唯心论与唯物论，文学、美术之理想派与写实派，计学之干涉论与放任论，伦理学之动机论与功利论，宇宙论之乐天观与厌世观，常樊然并峙于其中，此思想自由之通则，而大学之所以为大也。吾国承数千年学术专制之积习，常好以见闻所及，持一孔之论。闻吾校有近世文学一科，兼治宋、元以后之小说、曲本，则以为排斥旧文学，而不知周、秦、两汉文学，六朝文学，唐、宋文学，其讲座固在也；闻吾校之伦理学用欧、美学说，则以为废弃国粹，而不知哲学门中，于周、秦诸子，宋、元道学，固亦为专精之研究也；闻吾校延聘讲师，讲佛学相宗，则以为提倡佛教，而不知此不过印度哲学之一支，借以资心理学、论理学之印证，而初无与于宗教，并不破思想自由之原则也。论者知其一而不知其二，则深以为怪。今有《月刊》以宣布各方面之意见，则校外读者，当亦能知吾校兼容并收之主义，而不至以一道之同风之旧见相绳矣。

以上三者，皆吾校所以发行《月刊》之本意也。至《月刊》之内容，是否能副此希望，则有在吾校同人之自勉，而静俟读者之批判而已。

（据《北京大学月刊》第1卷第1号1918年11月10日）

《北京大学月刊》是北京大学历史上第一份学术性校刊。《北京大学月刊发刊词》旨在说明《北京大学月刊》创办的宗旨和意义，同时还阐发了蔡元培对于高等教育的看法和他的办学原则，即蔡元培大学办学理念的精义。

本文开头交代了《月刊》创办的缘起，接着分三个方面谈办刊的必要性，同时也论及近代大学的三项要义：第一，大学为研究学术之机关，应有贡献于学术。这种研究，既不是单单输入欧化，也不是一味保全国粹，而是要用科学方法揭示传统学术的真相，在近代学术的基础上作进一步发明。第二，大学学生不应以获取毕业证书为目的，而对学问无所求，也不应固守己之所学，排斥其他学问；而应专精之余，旁涉各种有关系的学理，成为一定意义上的通才。第三，大学是包容古今中外不同学术派别、典籍、思想，广泛延揽各家各派学者的研治学术的机关。应循思想自由通则，行兼容并收主义。这正是作者在北京大学实行革新的指导思想，也是蔡元培大学理念的精义。概括地说，即治学之途，宜中外汇通；学生之责，当文理兼修；办学之道，行兼容并包。作者后来还再次特别说明："孑民以大学为囊括大典包罗众家之学府，无论何种学派，苟其持之有故，言之成理者，兼容并包，听其自由发展，曾于《北京大学月刊》之发刊词中详言之。"这些主张，在今天仍具有普遍意义。

而在实践中，蔡元培也在努力践行《北京大学月刊发刊词》中提及的大学的办学宗旨，努力使北京大学成为研究学术之机关，让北京大学成为思想自由、兼容并包的研究高深学问之场所，让北京大学的学生能够海纳百川，兼收并蓄，培养他们多方面的能力。蔡元培1917年7月23在各界的力邀下复职，继续北大之未尽改革。此次改革的主要指导思想是"思想自由，兼容并包"，从"兼容并包"的思想出发进行教师队伍建设。蔡元培认为要改变北大学课凌杂和风纪败坏的积习，需要聘请纯粹的学问家和学生的模范人物，也即意味合格的教师队伍是北大能够成功改变的关键。蔡校长"兼容并包"方针是："无论何种学派，苟其持之有故，言之成理者，兼容并包，听其自由发展"，"学术上的派别，是相对的，有故的，就让他们并存，令大学生有自由选择的余地"，"大学教员不是绝对的；所以每一种学科的教员，即使主张不同，若都是'言之成理，持之所发表之思想，不但不受任何宗教或政党之拘束，亦不受任何著名学者之牵掣。苟其确有所见，而言之成理，则虽在一校中，两相反对之学说，不妨同时并行，而一任学生之比较而选择，此大学之所以为大也"。从"兼容并包"的思想出发，蔡元培对于教员在选择聘用的时候坚持的是学术标准，以学术上的造诣为主，坚持"人才主义"，打破年龄和资格的限制，正是在这一精神的指导下，当时北京大学的校园内聚集了具有各种不同的政治思想或意识形态背景的学者：有自由主义者；有马克思主义者，如陈独秀、李大钊等人；无政府主义者、复辟主义者，如辜鸿铭；甚至同一门课有时由不同学派的教师同时来讲，譬如旧派的黄侃和新派的钱玄同就同教文字学。当时北京大学教授的平均年龄才三十多岁，李大钊、胡适等二十多岁就当了教授。对学有专长者，他不论其信仰和派别，不求全责备，专用其一技之长。如延聘的辜鸿铭戴瓜皮小帽，拖长辫，但英语极好；刘师培曾是替袁世凯称帝效力的"筹安会"六君子之一，但经学、文史都好，也允许其在课堂上授课。北京大学各门各派教员在学术上各抒己见，不但活跃了北大的学术氛围，同时也为学生的成长提供了良好的环境。北大教师改革之后，一时间人才济济、大师云集新旧学者聚于一校，各展所长，使北大逐渐成为当时国内首屈一指的最高学府；在"思想自由，兼容并包"原则的保护下，北京大学的革新派学者高举科学与民主的旗帜，与封建思想文化展开搏斗，为"五四"运动开辟了前进的道路，使得北京大学成为新文化运动的发祥地与主阵地。

为了将北京大学办成名副其实的专门研究学术之机构和场所，蔡元培在此期间除改革师资队伍外，还致力于大学的教学体制改革。首先，他认为大学"要偏重文理两科"，强调文理两科基础理论的地位，改革学科设置，使北大成为文理法三科大学。从1917年，文科增设史学门，理科增设地质学门，法科独立成法科大学，商科改为商业门，隶属于法科。1917年，他写了《论大学应设各科研究所之理由》一文，阐述了大学应该设立研究所的三点理由：一是"大学无研究院，则教员易陷于抄发讲义不求进步之陋习"；二是设立研究所，为大学毕业生深造创造条件；三是使大学高年级学生得以在导师的指导下有从事科学研究的机会。为此，他出任北京大学校长之后，于1917年底，在北大成立了文、理、法三科研究所，首开国内大学设立研究所之先河，对推动我国高等教育学术水平的提高起到了极为重要的作用。其次，他提倡文理兼习，以扩大学生的知识面。为了方便文理科学生相互沟通，蔡元培在北大实施废科设系。他在北大废除文理法各科的界限，设14个系，加强了社会科学和自然科学之间的联系。再次主张仿效美国大学改年级制为选科制。因为与年级制的整齐划一不同，选科制可以考虑到每个学生的能力、爱好和兴趣，使其个性得到更好的发展。在蔡元培的主持下，选科制于1917年在文科试行，两年后在文理科陆续实行。

蔡元培为了培养学生的钻研意识和研究能力，积极鼓励和推动学生组办各种团体和研究会，他推动设立体育会、技击会、音乐会，画法研究会、书法研究社等团体，丰富学生课余生活，培养他们的高尚情操。他提倡成立新闻学研究会、哲学会，理科化学演讲会、数理学会、雄辩会、学术讲演会等，鼓励学生研究学术的兴趣。他推动组织消费公社、学生银行、校役夜班、平民学校、有国民社、新潮社、平民教育讲演团等及发行《新潮》（1918年12月3日，北京大学文科部分学生发起组织了新潮杂志社。蔡元培特别批准每月从学校经费中拨给两千元办刊物）、《国民》等杂志，培养学生自主自动的精神和认识社会、服务社会的能力。

（十六）《德国分科中学之说明》

近日，北京大学方鉴于文理分科之流弊，提出"文理合并"之议，而中学教育界乃盛传"文实分科"之说，异哉！原中学文实分科说之由来：

（1）由国文教员嫌国文教授时间之不足，而欲减数学若自然科学之时间以补之。

（2）由数学教员嫌数学教授时间之不足，而欲减国文若历史、地理之时间以足之。

为调和两者计，乃有文实分科之说，在清季已试行之。其制盖有数种流弊：

（1）各省竞设文科中学，而实科至少。以实科之设备较普通中学需费更巨，其教员亦非现在高等师范之毕业生不能任。至于文科，则设备之费更简，而科举时代之文人皆可为教员也。

（2）既少实科中学，则专门以上学校之属于文、法、商诸科者，虽不患无可招之生；而理、医、工、农诸科，则合格之生甚少。

（3）文、法、商诸科所招之中学毕业生，科学知识太缺乏，仍为变相的举子，而不适于科学万能之新时代。

故民国元年，教育部取消文实分科之制，而定现行之中学制。在现行中学制所需改革之点固多，而决无恢复文实分科之理。说者动引德国文实分科制以为凭借，不知德之中学，本止文科，其后因时势之需要而增设实科，未几又有文实合科之制。后者已出，而前者未被淘汰，且因一部分人之尽力，前者亦次第改良，有以适应乎时势，故亦随教育之进步而稍有增设，遂使三者得并存于教育界，初非建设之初即规定有此三种也。今先述三种中学教科差别之大略，及建设时期如下（见下表）。

		文科	实科	文实科	新式		
教	第六级	拉丁文始	无拉丁、希腊，而注重于法语、英语、数学、自然科学及图绘	无希腊文，注重拉丁文，如文科。注重法语、英语、数学、自然科学，如实科	惟有一种近世外国语（如法国语之类）		
	第五级						
	第四级	法语始					
	第三级下	希腊文始					
	第三级上						
	第二级下						
	第二级上	英语始			文科无拉丁、希腊	文科有拉丁及希腊	实科无拉丁希腊
科	第一级下						
	第一级上						
		其他历史、地理、国语、数学、宗教、自然科学、图绘、体操、唱歌	余同上	余同上	余同上		
创始时代		中古时代	一八六〇年	未详，稍后于实科	最近		
校数增加率	一八九五年	四三九	一九八	一二八	未详		
	一九〇三年	四六八	二六五	一二二	未详		

方实科及文实科中学之初设也，其毕业生之资格不能与文科等。文科毕业生，得于大学之神学、哲学、医学、法学四科自由选择；而其他两校毕业生，仅得进哲学科之近世外国语、数学及自然科学等门。及其毕业于大学也，文科出身者，得任各种官吏；而其他两校出身者，以下级官吏为限。文科出身者，得任各种教员；而其他两校出身者，以中学校中一部分之教员为限。及一八九八年及九九年，教育会议之结果，而资格遂以平等，惟非文科毕业生欲入神学、法学两科，须受希腊文或拉丁文之特别试验而已。在实科诸生，以先习近世外国语之故，补习古代语，进步甚速。故佛郎福脱（Frankfort）之新式中学，遂规定先习近世外国语，而于第四年始习古代语；行之卓有成效，而其他都会仿行之，尚名为佛郎福脱式也。

由是观之，德国之中学制，由文科而趋于实利，乃有折衷之文实科；由分而合，初不足为由合而分者之凭借也。

且欧式中学，年限较长，含有高等普通及高等预备之两种作用，故佛郎福脱式及法国式皆始合而后分。我国既采日本制，于大学及高等专门学校皆有预科（日本之高等学校，即大学预科），中学年限较短，而偏重高等普通一作用。若分中学为两科，是破坏普通教育之原则矣。今并表法国中学制于下，以备参考。

小学		四年为第十至第七级							
中学		甲 种				乙 种			
	第六级	有拉丁或希腊文				无拉丁文，有两种近世外国语			
	第五级								
	第四级					自是年起，国语及科学加重			
	第三级								
	第二级	（子）		（丑）		（寅）		（卯）	
	第一级	拉丁、希腊文		拉丁及近世外国语		拉丁文及较完备的科学		近世外国语及较完备的科学	
哲学数学级		（天）哲学	（地）数学	（元）哲学	（黄）数学	（宇）哲学	（宙）数学	（洪）哲学	（荒）数学

（据《新青年》第5卷第5号，1918年11月15日）

在民国初的教育改革中，教育部取消文实分科制度，而后来，一些教育界人士在批评现行学制时提出要恢复文实分科。蔡元培针对主张恢复文实分科的人士引用德国文实分科制作为依据而加以反驳。文章论述了中学文实分科的弊端及对德国分科中学和法国的中学制进行了详细的介绍，力求澄清人们对德国分科中学的错误认识。

蔡元培首先追溯了中国实行中学文实分科之由来及弊端，中学文科起因于中学国文和数学科教师对教学时间的争夺。为了调节两者之间的矛盾，故旧时采取文实分科。文实分科的弊端十分明显，在蔡元培看来主要有三：第一是文科中学和实科中学的比例不协调，没有均衡发展，由于实科中学的兴办要花费更多的教育经费，要求具备科学素养的教师，因而在当时旧的教育条件下，实科中学的发展空间极为有限。第二是由于实科中学的数量少，导致理工农医等专门学校招生困难，进而影响近代中国实业的发展。第三是文法商科招收的中学毕业生的知识结构不合理，学的都是旧时的文化知识，无法适应新时代对学生素养的要求。

接下来蔡元培针对一部分人对德国文实分科历史沿革的一知半解，对德国文实分科的历史沿革做了简要系统的阐述，以澄清人们的思想。蔡元培在文中说到德国的中学本来只有文科，后来因为时代发展的需要（主要是下层阶级争取自己教育权利的结果）而增设了实科，后来又有了文实合科制。德国的文科中学和实科中学并没有因为文实合科中学的出现而被淘汰，相反，这些中学能够顺应时代和社会的变化，对自身进行调整，数量反而有所增加，从而在德国的中学中形成三足鼎立的局面。这三种中学的并存并不是一开始就有的。为了使自己的论说显得有理有据，蔡元培以表格的形式把德国中学的类型及教学内容，学校的规模等逐一介绍，并介绍了不同中学类型的毕业生的出口情况。因此，不能不顾德国文实分科的发展历史而妄谈在中国中学要实行文实分科。

随后,蔡元培又分析了中欧学制体系的不同。欧洲中学,学习年限较长,学校承担高等普通教育和高等预备教育两种职能。而当时我国中学年限较短,偏重的是高等普通教育。如果把中学分成文实两科的话,就会破坏普通教育的原则。蔡元培在最后将法国的中学学制的情况加以列表,以供参考。蔡元培在这里通过对中学承担的职能的不同进一步指出了中学文实分科不合中国国情。

从这篇文章我们可以看出蔡元培对学习西方先进教育思想的态度。蔡元培对待外来文化的态度是坚持世界主义,博采众长,为我所用。同时他也认为我们在学习西方文化时,不能因为个人的感情和偏见,不问长短,一味地追随和搬用某国某派。从蔡元培撰写《德国分科中学之说明》一文就可以看出。蔡元培曾留学德国多年,对德国的哲学、科技和文化教育事业都有很深的了解,但是在借鉴吸取的过程中,他并没有盲目地崇拜和照搬,而是实事求是地追溯历史,明晰现状和将来的发展趋势,再与我国的国情相结合,从而决定取舍。这种对待外来文化的态度值得我们学习。蔡元培通过对中欧中学在整个教育体系中的作用的考察得出不能盲目效仿德国,也表明了正确的比较教育研究的方法对于研究教育科学,发展教育事业是有益的。

(十七)《在甲种农业学校演说词》[1]

余友某君,以黄豆制作各种食品,可以代用牛乳,外人颇为欢迎。是以在法开设豆腐公司,以供其需用。学理与实验,可谓兼有矣。

回顾吾国农业,与法国农业〈较〉,有诸多希望于列位也。彼法国中等农校,关于实习,非常注意。实习钟点,除每周十余句钟理论外,皆为于农场实习。或于上午

[1] 蔡元培.在甲种农业学校演说词[A].高平叔.蔡元培教育论集[M].长沙:湖南教育出版社,1987.218,219.

听讲笔录之，下午施之于实验。由是理论与实验，相辅而行。理论之所不及者，而实验可以补其短；实验之无有者，理论得以导之。农业进步之秘诀，其在是乎！其在是乎！

又实习之材料，视地方之产物而异。如在法之南部，产多量之葡萄，而实习之从事于葡萄者特多；在其北方产萝卜，则实习于制糖尤盛。详察现在世界趋势，有反对工商派者，谓业于工商者，蠹集于大城市之中，于卫生上观之，不利者甚多。而乡曲之农民，往往具有健康之检查；其所以致此，无非以日耕作畎亩之中，受清鲜之大气而然。国民健康之程度，影响于国家之盛衰兴亡。是故提倡农业者，为今日富强之惟一之良策也。俯审吾国，以固有习惯，于农业一事，颇肯注意。然以沿用旧法，于学理上毫无应用。故学理之研究者，亦为振兴农业不可少之设备。由是观之，虽注意学理，而实验忽之，不过纸上谈兵已耳。

且欲发达工商业，非提（振）兴农业不可。工非农，材料之产出无资；商非农，运输之功何用？故农业者，工、商之本，强富之基也。猗欤！农业一事，岂可忽视乎？世人多以农为卑贱事，不知此中利害关系之如此其重大。古舜耕于历山，尧耕于南阳，彼圣人透彻情形，作此以尽提倡之功；鄙夫掩目以取笑。吾辈当慕尧、舜之微意，而摒鄙夫之无为者也。某君由天津至法，曾专攻于农已年余，愿从事耕作，而与耕夫为伍；彼以素无实习之工夫，不能行持久之作业，而卒以被制于耕夫。是故虽有研究学理之事实，不能与耕夫同操作，乏实习之工夫，其结果也，卒不能达振兴农业之目的。

又吾国关于农业机关之设立，如晨星之寥寥。虽卒业于学校，无相当之位置，以试用其技术；是以居家而灰心，其所学无所应用，或奔走于政途，而受所学非所用之讥。因此，注意实习，而卒业后得从事耕种，与农夫谋进步，庶几农业前途，有一的（滴）之希望焉。

（据蔡元培演说词记录稿）

　　蔡元培《在甲种农业学校演说词》表达了重视农业以及农业教育、职业教育的思想。蔡元培在开始就用一个生动的例子来表明他的观点,农业教育必须学理与实验相结合,也就是学习与实验相结合,知识与技能相结合。然后蔡元培运用比较的视角,将中国当时农业教育与法国农业教育进行比较,认为法国的农业教育优于中国的地方在于理论与实验相辅相成,两者紧密联系,共同促进农业的进步。且法国的教学和实习能够因地制宜。蔡元培认为在当时的中国必须发展农业,并指出了我国农业的缺点:第一,传统农业的技术成分少。农业不注重实验,导致农业进步缓慢。第二,世人没有清楚认识到农业的重要性,而把农业看作是卑贱的职业。第三,与农业有关的机构过少,农业学校缺乏实习,理论与实践相脱离,学生学非所用。以上种种缺点导致我国农业发展缓慢。而在蔡元培看来,农业是工商之本,是强国富民的基础,必须重视农业,大力提倡发展农业。蔡元培强调职业教育应注重实践,把知识与技能,理论与实践紧密地结合起来。学校不是单纯传授知识的场所,对于农业教育,不能仅仅传授知识,还要培养学生动手和实践的能力。蔡元培非常重视农业教育中实习课的比重,认为学生通过应用、操作,掌握技能,使所学知识转化成为实际的工作能力,希望以此来促进农业的发展。蔡元培的农本思想以及农业教育和职业教育思想对于我们今天的教育仍然有很强的启示和借鉴意义。

（十八）《贫儿院与贫儿教育的关系——在北京青年会演说词》

贫儿院的历史同成效，刘景山先生已讲得很详细了。鄙人对于贫儿院，有一种特别感想，并且有一种特别希望。所以看得这一次的募捐，比较别种慈善事业尤为重要。请与诸位男女来宾讲讲。

贫儿是没有受家庭教育的机会，所以到院。这原是他们的不幸。但鄙人对于家庭教育很有点怀疑。第一层：教育是专门的事业，不是人人能担任的。譬如诸位有一块美玉，要琢成佩件，必要请教玉工。又如有几两黄金，要炼成首饰，必要请教金工。断不是人人自作的。现在要把自家子女造成适当的人物，敢道比琢玉炼金容易，人人可以自任的么？第二层：有子女的人，不是人人有实行教育的时间。男子呢，莫不有一定职业，就每日有一定做工的时间。做工完毕了，还有奔走公益的，应酬亲友的，随意消遣的。请问每日中有多少时间可以在家与他的子女相见？妇人呢，或是就职业，或是操家政，也有讲应酬好消遣的，请问每日中有多少时间可以专心对付他的子女？所以有钱的就把子女交给没有受过教育的仆婢，统统引诱坏了；没有钱的就听子女在家里胡闹，或在街上乱跑。父母闲暇了，高兴了，子女就有不好的事，也纵容他；忙不过亮了，不高兴了，子女就有好的事，也瞎骂一阵，乱打几拳。这又是大多数父母的通病了。而且现在的家庭对于儿童可以算好的榜样么？正经的父母不知道儿童性情与成人大有不同，立了很严规矩，要儿童仿作，已经很不相宜了。还有大多数的父母夫妇的关系、兄弟妯娌的关系、姑嫂的关系、主仆的关系、亲戚邻居的关系，高兴了就开玩笑，讲别人的丑事；不高兴了，相骂相打。要是男子娶了妾，雇了许多男女仆，那就整日的演妒忌猜疑的事，甚且什么笑话都可以闹出来。这可以做儿童的榜样么？兼且成年的人爱看的书报与图画，爱听的笑话与鼓词，不免有不宜于儿童的，父母看了听了，可以不到儿童的耳目么？有许多儿童都是受了家庭不好的教育，进学校后很不容易改良。所以我对于家庭教育很有点怀疑。

我们古代的大教育家，要算是孔子、孟子。孔子有一个学生叫陈亢，疑孔子教训儿子总比教训学生有特别一点的。有一日问着孔子的儿子伯鱼。照伯鱼对答的，他有一次遇见了他的父亲，问他学了《诗》没有。他说没有学。他的父亲就说了不学《诗》的短处。又有一次遇见了他的父亲，问他学了《礼》没有。他也说没有学。他的父亲就说了不学《礼》的短处。陈亢恍然大悟，知道君子是疏远他的儿子呢。孟子有一个学生，叫公孙丑，有一日问道："君子为什么不亲自教他的儿子？"孟子答道："办不到。教他必用正道。教了不听，必要怒。怒了便伤了父子的感情。万一儿子想着父亲教我的，他自己也还没有做到，这更是彼此互相责备，更坏了。所以古人用交换法把自己的儿子请别人教，反替别人教他的儿子呵。"

照此看来，圣如孔子、贤如孟子，尚且不敢用家庭教育，何况平常人呢？

所以我的理想：一个地方必须于蒙养院与中小学校以外，有几个胎教院、几个乳儿院，都由专门的卫生家管理。胎教院的设备，如饮食、器具、花园、运动场、装饰的雕刻与图画、陈列的书报，都是有益于孕妇的身体与精神的。因为孕妇身体上受了损害，或精神上染了污浊，都要害及胎儿的。乳儿院的设备，必须于乳儿的母亲身体上、精神上都是有益的。要是母亲有了疾病，或发了邪淫、愤怒、悲愁的感情，都是害及乳儿的。有了这种设备，不论那个人家，要是妇人有了孕，便是进胎教院；生了子女，便迁到乳儿院。一年以后，小儿断乳，就送到蒙养院受教育，不用他的母亲照管。他的母亲就可以回家，操他的家政，或营他的职业了。

现在还没有这种组织，运动别人，别人也不肯信。我想先从贫儿院下手。要是贫儿院试办这种事情很有成效，那就可以推广到不贫的儿童了。这是我的第一种希望。

美国大教育家杜威博士，不久要来中国。他创了一种很新的教育主义，是即工即学，是要学校生活与社会生活密接。曾在雪卡哥大学附设一个学校试验过，很有成效。我于民国元年在南京发表一篇《对于教育方针之意见》，曾于实利主义一节中介绍过。去年在天津青年会演讲《新教育与旧教育之歧点》，又介绍过一回。他的即工即学主义，是学生只须做工，一切学理就在做工的时候指点他，用不着什么教科书。我但用贫儿院已设的烹饪、裁缝、木器与地毯四项工作做个比例，就容易明白了。这四项的原料都是动植物，便可以讲生物学。这四项的工具都是矿物做成的，便可以讲矿物学、地质学。做这四项工作的时候，或用热度，或用手力，或用机械，或用电磁，就可以讲物理学。食物的调和，衣服的漂白与渲染，木器的油漆，都与化学有关，便可以讲化学。食物的分量，衣服的尺寸，木器各方面的比例，地毯与房屋的配合，各种原料与工具的购入，各种成绩品的出售，都要计算、记录，便可以讲数学与簿记法。指明原料出产的或成绩品出售的地方，比较各民族饮食、衣服、器具的异同，便可讲地理学与人类学。比较古今饮食、衣服、器具的异同，便可讲历史学。做工要勤，要谨慎，要有进步，要与同作的学生互相帮助。这四项工作以外，有休息，有共同的运动，又有洗濯食器与衣服、整理被褥、洒扫堂室、应对宾客等杂务，便可以讲卫生与修身。就食物的装置、衣服与器具的形式与色彩，可以讲美学与美术。就贫儿以往的苦痛，现在的安乐，将来的希望，也可以讲点哲学。把一切经过的情形，或教习的言语叫各人写出来，便可以练习国文或外国文。诸位看！照此办法还要用什么教科书么？还要聚了几十个学生在教室里面，各人对了一本书，听教习一句一句地呆讲么？但这种学校生活与社会生活密接的组织，不但我们中国人没有肯办的，就是办了，也怕没有人肯送他的子弟来。因为中国人现在还叫进学校作读书，要是到校以后，只有工作，没有读书，就一定不赞成了。现在贫儿院既有工作，何不把上午的读书省却，匀派在工作的时间，来试试杜威博士的新主义呢。要是试了有成效，就可以劝别的学校也来试试。这是我第二种的希望。

我国人不许男女间有朋友的关系，似乎承认"男女间只有恋爱的关系"，所以很严地防范他。既然有此承认，所以防范不到处，就容易闹笑话了。欧美人承认男女的交际，与单纯男子的或单纯女子的，完全一样。普通的交际与友谊的关系隔得颇远，友谊的关系与恋爱的关系，那就隔得更远了。他们男女间看了自己的人格同对方的人格，都非常尊重。而且为矫正从前轻视女子的恶习，交际上男子尤特别尊重女子，断不敢稍有轻率的举动。即如跳舞会是古代传下来的习惯，也是随时代进化，活泼中仍含着谨严的规则。不是为贫儿院筹款，曾在迎宾馆举行一次，诸君曾经参与的么？近来女权发展，又经了欧洲的大战争，从前男子的职业，一大半都靠女子来担任。此后男女间互助的关系，无论在何等方面，必与单纯男子方面或单纯女子方面一样。我们国里还能严守从前男女的界限，逆这世界大潮流么？但是改良男女的关系，必要有一个养成良习惯的地方，我以为最好是学校了。外国的小学与大学，没有不是男女同校的。美国的中学也是大多数男女同校。我们现在除国民小学外，还没有这种组织。若要试办，最好从贫儿院入手。院中男女生都有，但男生专做木工、毡工，女生专做烹饪、裁缝，划清界限，还不是男女同校的真精神。最好破除界限，不论何等工作，只要于生理上、心理上相宜的，都可以自由选择，都可以让他们共同操作。要是试验了成绩很好，那就可以推行到别的学校了。

还有一层，中国的戏剧不许男女合演，用男子来假装女子，这是最不自然的。所以扭扭捏捏，不但演剧时不合女子的态度，反把平日间本人的气概都改变了。我不喜观旧剧，对于学生演新剧亦不大欢迎，就是为此。但现在男女尚不能同校，若要合男女学生试演新剧，学生的父母不是要大不答应的么？我以为此事也可由贫儿院先来试办。先就译本的西剧中，选几种悲剧来试演，演得纯熟了，要是开筹款会就可以演给来宾看看，不专靠现在男生的唱歌、女生的跳舞了。要是有几个学生演得很好，就可以作为改良戏剧的起点，不是很有关系么？

以上三端，都想借贫儿院试试男女共同操作的习惯，是我第三种的希望。

我有上述的特别感想与这三种希望，所以看得贫儿院非常重要。尤希望男女来宾竭力替他筹款，不但要帮他维持，还要帮他发展呵！

（据《北京大学日刊》1919年4月23、25、26日）

　　蔡元培在演说词中阐述了贫儿院之非常重要的三点原因，同时也是蔡元培希望借贫儿院来实现自己的三个希望：即办胎教院与乳儿院以改进家庭教育之不足；进行杜威的实用主义思想和即工即学的教育改革实验；实行男女同校，平等互助。演说词体现了蔡元培教育理想的一个重要方面——教育平等，在此文中蔡元培的教育平等思想体现为不论贫富，不论阶层，不论男女都应该享有受教育的权利。

　　蔡元培首先解释了贫儿院成立的原因，是为了让未受家庭教育之儿童接受教育。然后阐述了当时家庭教育实施的困难和不足：第一点就是父母的素质比较低，难以胜任教育这一专门事业的要求；第二点就是父母教育孩子的时间比较少。此外，蔡元培还谈及了不良家庭环境对孩子的不利影响。基于他对家庭环境的疑问，从而提出在现有的教育体系之外再建立胎教院、乳儿院的建议。我们可以看出蔡元培对当时中国的家庭教育观察得很仔细，对家庭教育的弊端研究得很深刻，也意识到家庭教育对于儿童的奠基性作用，提出设立胎教院以对胎儿进行胎教，设立乳儿院以避免不利的家庭环境对儿童的消极影响的观念在当时都是比较先进的。

　　蔡元培在演说中介绍了杜威的实用主义思想和教学做合一的教育实践，希望贫儿院能够按照杜威的实用主义思想来进行教育实验。

　　蔡元培还阐述了他的男女平等受教育的思想，希望破除封建传统所设置的男女界限，实行社交公开，男女同校，平等互助，以改变男女不平等的现象。后来在他的大力提倡和大胆实践下，北京大学1919年宣布开放女禁，允许九名女性为旁听生。1920年，北大正式招收女生，开我国大学男女同校之先例。蔡元培开放女禁，实行男女同校，为在教育领域内实现男女平等提供了现实可能性，同时对改变中国自封建社会以来的重男轻女的旧俗，促进人们思想的解放，提高妇女的地位都有一定的积极作用。

（十九）《科学之修养——在北京高等师范学校修养会演说词》

鄙人前承贵校德育部之召，曾来校演讲；今又蒙修养会见召，敢述修养与科学之关系。

查修养之目的，在使人平日有一种操练，俾临事不致措置失宜。盖吾人平日遇事，常有计较之余暇，故能反复审虑，权其利害是非之轻重而定取舍。然若至仓促之间，事变横来，不容有审虑之余地，此时而欲使诱惑、困难不能隳其操守，非凭修养有素不可，此修养之所以不可缓也。

修养之道，在平日必有种种信条：无论其为宗教的或社会的，要不外使服膺者储蓄一种抵抗之力，遇事即可凭之以定抉择。如心所欲作而禁其不作，或心所不欲而强其必行，皆依于信条之力。此种信条，无论文明、野蛮民族均有之。然信条之起，乃由数千万年习惯所养成；及行之既久，必有不适之处，则怀疑之念渐兴，而信条之效力遂失。此犹就其天然者言也。乃若古圣先贤之格言嘉训，虽属人造，要亦不外由时代经验归纳所得之公律，不能不随时代之变迁而易其内容。吾人今日所见为嘉言懿行者，在日后或成故纸；欲求其能常系人之信仰，实不可能。由是观之，则吾人之于修养，不可不研究其方法。在昔吾国哲人，如孔、孟、老、庄之属，均曾致力于修养，而宋、明儒者尤专力于此。然学者提倡虽力，卒不能使天下之人尽变为良善之士，可知修养亦无一定之必可恃者也。至于吾人居今日而言修养，则尤不能如往古道家之蛰影深山，不闻世事。盖今日社会愈进，世务愈繁。已入社会者，固不能舍此而他从；即未入社会之学校青年，亦必从事于种种学问，为将来入世之准备。其责任之繁重如是，故往往易为外务所缚，无精神休暇之余地，常易使人生观陷于悲观厌世之域，而不得志之人为尤甚。其故即在现今社会与从前不同。欲补救此弊，须使人之精神有张有弛。如作事之后，必继之以睡眠，而精神之疲劳，亦必使有机会得以修养。此种团体之结合，尤为可喜之事。但鄙人以为修养之致力，不必专限于集会之时，即在平时课业中亦可利用其修养。故特标此题曰："科学的修养"。

今即就贵会之修养法逐条说明，以证科学的修养法之可行。如贵会简章有"力行校训"一条。贵校校训为"诚勤勇爱"四字。此均可于科学中行之。如"诚"字之义，不但不欺人而已，亦必不可为他人所欺。盖受人之欺而不自知，转以此说复诏他人，其害与欺人者等也。是故吾人读古人之书，其中所言苟非亲身实验证明者，不可轻信；乃至极简单之事实，如一加二为三之数，亦必以实验证明之。夫实验之用最大者，莫如科学。譬如报纸纪事，臧否不一，每使人茫无适从。科学则不然。真是真非，丝毫不能移易。盖一能实验，而一不能实验故也。由此观之，科学之价值即在实验。是故欲力行"诚"字，非用科学的方法不可。

其次"勤"：凡实验之事，非一次所可了。盖吾人读古人之书而不慊于心，乃出之实验。然一次实验之结果，不能即断其必是，故必继之以再以三，使有数次实验之结果。如不误，则可以证古人之是否；如与古人之说相刺谬，则尤必详考其所以致误之因，而后可以下断案。凡此者反复推寻，不惮周详，可以养成勤劳之习惯。故"勤"之力行亦必依赖夫科学。

再次"勇"：勇敢之意义，固不仅限于为国捐躯、慷慨赴义之士，凡作一事，能排万难而达其目的者，皆可谓之勇。科学之事，困难最多。如古来科学家，往往因试验科学致丧其性命，如南北极及海底探险之类。又如新发明之学理，有与旧传之说不相容者，往往遭社会之迫害，如哥白尼、贾利来之惨祸。可见研究学问，亦非有勇敢性质不可；而勇敢性质，即可于科学中养成之。大抵勇敢性有二：其一发明新理之时，排去种种之困难阻碍；其二，既发明之后，敢于持论。不惧世俗之非笑。凡此二端，均由科学所养成。

再次"爱"：爱之范围有大小。在野蛮时代，仅知爱自己及与己最接近者，如家族之类。此外稍远者，辄生嫌忌之心。故食人之举，往往有焉。其后人智稍进，爱之范围渐扩，然犹不能举人我之见而悉除之。如今日欧洲大战，无论协约方面或德奥方面，均是己非人，互相仇视，欲求其爱之普及甚难。独至于学术方面则不然：一视同仁，无分畛域；平日虽属敌国，及至论学之时，苟所言中理，无有不降心相从者。可知学术之域内，其爱最溥。又人类嫉妒之心最盛，入主出奴，互为门户。然此亦仅限于文学耳；若科学，则均由实验及推理所得唯一真理，不容以私见变易一切。是故嫉妒之技无所施，而爱心容易养成焉。

以上所述，仅就力行校训一条引申其义。再阅简章，有静坐一项。此法本自道家传来。佛氏之坐禅，亦属此类。然历年既久，卒未普及社会；至今日本之提倡此道者，纯以科学之理解释之。吾国如蒋竹庄先生亦然，所以信从者多，不移时而遍于各地。此亦修养之有赖于科学者也。

又如不饮酒、不吸烟二项，亦非得科学之助力不易使人服行。盖烟酒之嗜好，本由人无正当之娱乐，不得已用之以为消遣之具，积久遂成痼疾。至今日科学发达，娱乐之具日多，自不事此无益之消遣。如科学之问题，往往使人兴味加增，故不感疲劳而烟酒自无用矣。

今日所述，仅感想所及，约略陈之。惟宜注意者，鄙人非谓学生于正课科学之外，不必有特别之修养，不过正课之中，亦不妨兼事修养。俾修养之功，随时随地均能用力，久久纯熟，则遇事自不致措置失宜矣。

（据《北京大学日刊》第360号，1919年4月24日）

1919年4月24日，蔡元培应修养会之邀在北京高等师范学校发表演说。蔡元培所说的"科学之修养"，意在探讨科学与修养的关系，希望学子能够用科学的方法去修养，并且对北京高等师范学校的校训用科学的视角进行了解读。

　　蔡元培在简单说明演讲的内容之后，接着发表了他对修养的目的的看法，他强调"修养的目的，在使人平日有一种操练，俾临事不致措置失宜"。大意是说如果人们平时能够经常练习的话，那么即使遇到突然的情况也会镇定自若，从容处理，而不至于做出不合适的举动。蔡元培对修养的看法和"少成若天性，习惯成自然"有异曲同工之妙。在具体的解说方面，蔡元培将北京高等师范学校的校训拿来，用"科学"的思路和视角来从容解析"诚勤勇爱"四字，可以看出蔡元培的匠心独运。蔡元培细述了诚勤勇爱在科学领域内的体现及在科学领域内的价值。在演说的最后，蔡元培特别强调随时随地都应该注意修养以致纯熟，形成良好的习惯就会达到遇事能够冷静、处理得当的境界。

　　修身问题，是中国儒家传统所关注的根本问题，也是中国古代人所关注的人生的头等大事，古人认为修身养值得在人生的任何阶段把它当作一项主要工作来做。人的一生，从成家到立业，从读书求学到功成名就，从为人处世到经世济民，能够在多大程度上实现自己的理想，是否能够真正活得有意义，主要取决于在修身方面做得怎么样。所以《大学》提出："自天子以至于庶人，壹是皆以修身为本。"蔡元培少时接受过很长时间的儒学教育，难免深受影响。但同时蔡元培此前游学过德国，也受到德国新人文主义思想的影响。"修养（Bildung）"，是新人文主义的一个重要概念，是指一种道德和人格上的境界。洪堡认为：修养就是个人天赋充分的完全的发展，是个人的各种内在的潜能最圆满、最协调的发展，最终融合为一个不可分割的整体。洪堡对此概念阐述颇多，他从新人文主义角度出发，认为修养，或者通识性修养（allgemeine Bildung）是个性全面发展的结果，是人作为人应该具有的素质，它与专门的能力和技艺无关。相反，任何专业性、实用性的学习会使人偏离通向修养的正途。只有探求纯粹的科学的活动才可以使人达至修养。他进而以"由科学而达至修养"来概括大学之双重任务，可以通过科学研究来作为达至修养的手段，大学从事科学之目的则在于促进学生乃至民族精神和道德修养，而科学存在之独立价值并不因其服务于个人修养而遭到破坏，是两全其美的事情。蔡元培对中国古代注重道德伦理的教育和个人修养是予以充分肯定的，他在1925年7月25日世界教育联合会第二次大会上发言时，即将此点归结为中国古代教育制度的第一个优点。他本人即可谓传统修养的人格典范，蔡元培不仅注重自身的修养，而且希望通过教育来培养人才，让学生既通过读书提高自己，发展个性，同时又能够投身社会，服务社会，以改变国家的落后的状况。就此点而言，与洪堡"由科学而达至修养"之概念实在有异曲同工之效。"读书"与"科学"，"救国"与"修养"其实仅仅是语言表达的差异，其背后想要表达的意思是一样的。由读书而救国，由科学而修养，读书实在是为了致用，致用又怎能离开读书？科学研究是为了达成修养，达成修养之后又怎能离开科学研究？如今与科技的日益发展，物质产品的极大丰富形成强烈反差的是人们在道德领域表现出来的道德虚空、道德沦丧。人们开始不断地审视和反思，何谓社会的发展？社会的发展就等同于物质的丰富，等同于经济的发展吗？道德对于我们人类获取幸福，对于社会的发展意义何在？如此看来，不管外在的制度如何变化，政府当局如何来进行规范和调节，加强个体的道德，达到自律的境界，"修养"是一条必由之路。同时，我们也应该注意，科学是把双刃剑，蔡元培在此处对科学的修养大加赞扬，一再强调"科学"的意义，固然未尝不对，但列宁说过"判定历史的功绩，不是根据历史活动家没有提供现代所要求的东西，而是根据他们比他们的前辈提供了新的东西"。在当时大部分人都蒙昧、科学尚未大兴的背景之下，大力弘扬科学是有进步意义的。

(二十)《杜威六十岁生日晚餐会演说词》

今日是北京教育界四团体公祝杜威博士六十岁生日的晚餐会。我以代表北京大学的资格, 得与此会, 深为庆幸。我所最先感想的, 就是博士与孔子同一生日, 这种时间的偶合, 在科学上没有什么关系; 但正值博士留滞我国的时候, 我们发现这相同的一点, 我们心理上不能不有特别感想。

博士不是在我们大学说: 现今大学的责任, 就该在东西文明做媒人么? 又不是说: 博士也很愿分负此媒人的责任么? 博士的生日, 刚是第六十次; 孔子的生日, 已经过二千四百七十次, 就是四十一又十个六十次, 新旧的距离很远了。博士的哲学, 用19世纪的科学作根据, 用孔德的实证哲学、达尔文的进化论、詹美士的实用主义递演而成的, 我们敢认为西洋新文明的代表。孔子的哲学, 虽不能包括中国文明的全部, 却可以代表一大部分; 我们现在暂认为中国旧文明的代表。孔子说尊王, 博士说平民主义; 孔子说女子难养, 博士说男女平权; 孔子说述而不作, 博士说创造。这都是根本不同的。因为孔子所处的地位、时期, 与博士所处的地位、时期, 截然不同; 我们不能怪他。

但我们既然认旧的亦是文明, 要在他里面寻出与现代科学精神不相冲突的, 非不可能。即以教育而论, 孔子是中国第一个平民教育家。他的三千个弟子, 有狂的, 有狷的, 有愚的, 有鲁的, 有辟的, 有喭的, 有富的如子贡, 有贫的如原宪; 所以东郭、子思说他太杂。这是他破除阶级的教育的主义。他的教育, 用礼、乐、射、御、书、数的六艺作普通学; 用德行、政治、言语、文学的四科作专门学。照《论语》所记的, 问仁的有若干, 他的答语不一样; 问政的有若干, 他的答语也不是一样。这叫作是"因材施教"。可见他的教育, 是重在发展个性, 适应社会, 决不是拘泥形式, 专讲画一的。孔子说: "学而不思则罔, 思而不学则殆。"这就是经验与思想并重的意义。他说："多闻阙疑，慎言其余，多见阙殆，慎行其余。"这就是试验的意义。

我觉得孔子的理想与杜威博士的学说，很有相同的点。这就是东西文明要媒合的证据了。但媒合的方法，必先要领得西洋科学的精神，然后用他来整理中国的旧学说，才能发生一种新义。如墨子的名学，不是曾经研究西洋名学的胡适君，不能看得十分透彻，就是证据。孔子的人生哲学与教育学，不是曾研究西洋人生哲学与教育学的，也决不能十分透彻，可以适用于今日的中国。所以我们觉得返忆旧文明的兴会，不及欢迎新文明的浓挚。因而对于杜威博士的生日，觉得比较那尚友古人，尤为亲切。自今以后，孔子生日的纪念，再加上几次或几十次，孔子已经没有自身活动的表示；一般治孔学的人，是否于社会上有点贡献是一个问题。博士的生日，加了几次以至几十次，博士不绝的创造，对于社会上必更有多大的贡献。这是我们用博士已往的历史可以推想而知的。兼且我们做孔子生日的纪念，与孔子没有直接的关系；我们做博士生日的庆祝，还可以直接请博士的赐教。所以对于博士的生日，我们觉得尤为亲切一点。我敬（谨）代表北京大学全体举一觞，祝杜威博士万岁！

（据《北京大学日刊》第446号，1919年10月22日）

作为20世纪伟大的哲学家、教育家，杜威对近代中国的思想和教育都产生过重要的影响。当时国内学术界和教育界的很多名人如胡适、蒋梦麟、郭秉文、陶行知、陈鹤琴、郑晓沧、张伯苓等都曾受教于杜威，深受杜威思想的影响，他们归国后锐意改革，且思想先进、视野开阔，为近代中国的教育发展做了很多奠基性的工作。就以杜威本人而论，作为一代大哲学家，不辞辛苦，在中国一留就是26个月，足迹遍及14个省市，演讲200多场次，直接影响并推动了实用主义思潮的中国热。这在中国五四运动发生期的1919—1921年，意义就显得尤为重大。1919年2月，杜威赴日本讲学，由胡适主其事，说动北京大学、南京高师和尚志学会等几个单位联合邀请来华讲学。而支持其事的有两人地位与影响均十分重大——作为北大校长的蔡元培与作为各学术团体主要负责人的梁启超。1919年10月20日，是杜威60岁生日。这一天，北京大学、教育部、尚志学会和新学会四单位于晚间7时共同在中央公园来今雨轩举办晚宴，庆贺杜威生日。蔡元培作为北京大学的代表出席晚宴，并作了热情洋溢而又精辟深刻的演说。蔡元培的祝辞由胡适口译为英文。

蔡元培称赞杜威哲学为西洋文明的代表。由于杜威的哲学来源广泛，并且都是19世纪科学的最新成果，所以被蔡元培认为是西方文明的新代表。同时他又认为，孔子的哲学，虽不能包括中国文明的全部，但可以代表一大部分，因此我们可以"暂认为中国旧文明的代表"。由于孔子与杜威所处的时代、地位不同，因而这两种文明存在着根本的区别：孔子说尊王，杜威说平民主义；孔子说女子难养，杜威说男女平等；孔子说述而不作，杜威说创造。这是由于时代的局限性造成的。然而在蔡元培看来，既然旧的也是文明，因而它也包含了与现代科学精神不相冲突的内容。他以教育为例说，孔子是中国第一个平民教育家，孔子的弟子三千，扩大了教育对象的范围，打破了奴隶主阶级对教育的垄断，有利于文化的传播，表明孔子破除了阶级主义，促进了教育平等。孔子能够采取通识教育加上专门教育，能够考虑到不同学生的理解能力和接受水平实施不同的教育，这就是因材施教。孔子的教育，也是重在发展个性，适应社会，决不是拘泥形式，专讲划一；蔡元培还指出了孔子教育思想当中主张经验与思想并重，重视实验的科学主张。由此认为孔子的理想与杜威的学说有相同的地方。其实这些相同地方正是体现了教育中是蕴含着规律的。虽然古今中外的教育现象不同，但是对教育规律的追寻与体认是一样的，教育中是存在着普遍性的规律的，也存在着放之四海而皆准的教育原则，那就是对教育对象的尊重，能够根据人的不同的身心发展特点实施因材施教。同时也体现了教育的民主化是自古以来中外教育家的共同追求。

接着蔡元培指出，杜威认为大学的责任是做东西方文明的媒人，而蔡元培要比杜威走得更远，认为中国的教育界人士不仅要将东西文明结合起来，更重要的是要创立一种新的学说。而具体的方法是将东西方文明结合起来，必须要先领悟西洋科学的精神，然后用它来整理中国的旧学说，才能产生一种新的学说。也就是说在吃透西方文明的前提下，将之和中国的实际联系起来，创建适合中国实际的新教育理论。这和蔡元培对外来文化的主张和看法是一致的。蔡元培历来主张对于西方文明应该是"消化"而非"同化"。所谓"消化"，就是吸收西方文化中有利于我的内容，变成为"我"的一部分，犹如生物吸收外界食物而消化之，变成自身的养料以促其发展一样。

综上所述，作为五四时期中国新知识分子的领军人物，蔡元培在积极介绍和宣传杜威实用主义教育思想的同时，提出应该通过试验以补正"极端之实利主义"的弊病，验证杜威实用主义教育思想是否适合中国教育实际，并主张将杜威实用主义教育思想与以孔子为代表的中国教育传统思想融合，创立一种适合中国实际的新理论。蔡元培的这些思想，代表了20世纪20年代杜威实用主义教育思想在中国传播、发展的正确方向，引领了教育理论"中国化和本土化"的探索和创造，极大地推动和促进了中国教育的变革和发展，在历史上产生了积极而又深远的影响，对于当前我们如何正确对待外国教育理论，如何使之与中国国情相结合适应，创立具有中国特色社会主义教育理论也有重要的现实意义。

(二十一)《国文之将来》——在北京女子高等师范学校演说词

今日是贵校毛校长与国文部陈主任代表国文部诸君要我演说,我愿意把国文的问题提出来讨论。尤愿意把高等师范学校应当注意那一种国文的问题提出来讨论。所以预拟了《国文之将来》的题目。

国文的问题,最重要的就是白话与文言的竞争。我想将来白话派一定占优胜的。

白话是用今人的话来传达今人的意思,是直接的。文言是用古人的话来传达今人的意思,是间接的。间接的传达,写的人与读的人都要费一番翻译的工夫,这是何苦来?我们偶然看见几个留学外国的人,写给本国人的信都用外国文,觉得很好笑。要是写给今人看的,偏用古人的话,不觉得好笑么?

从前的人,除了国文,可算是没有别的功课。从六岁起到二十岁,读的写的,都是古人的话,所以学得很像。现在应学的科学很多了,要不是把学国文的时间腾出来,怎么来得及呢?而且从前学国文的人是少数的,他的境遇,就多费一点时间,还不要紧。现在要全国的人都能写能读,那能叫人人都费这许多时间呢?欧洲16世纪以前,写的读的都是拉丁文。后来学问的内容复杂了,文化的范围扩张了,没有许多时间来摹仿古人的话,渐渐都用本国文了。他们的中学校,本来用希腊文、拉丁文作主要科目的。后来创设了一种中学,不用希腊文。后来又创设了一种中学,不用拉丁文了。日本维新的初年,出版的书多用汉文。到近来,几乎没有不是言文一致的。可见由间接的,趋向直接的,是无可抵抗的。我们怎么能抵抗他呢?

有人说:文言比白话有一种长处,就是简短,可以省写读的时间。但是脑子里翻译的时间,可以不算么?

有人说:文言是统一中国的利器,换了白话,就怕各地方用他本地的话,中国就分裂了。但是提倡白话的人，是要大家公用一种普通话，借着写的白话来统一各地方的话，并且用读音统一会所定的注音字母来帮助他，那里会分裂呢？要说是靠文言来统一中国，那些大多数不通文言的人，岂不摒斥在统一以外么？

所以我敢断定白话派一定占优胜。但文言是否绝对的被排斥，尚是一个问题。照我的观察，将来应用文，一定全用白话。但美术文，或者有一部分仍用文言。

应用文，不过记载与说明两种作用。前的是要把所见的自然现象或社会经历给别人看。后的是要把所见的真伪善恶美丑的道理与别人讨论。都只要明白与确实，不必加新的色彩，所以宜于白话。譬如司马迁的《史记》，不是最有名的著作么？他记唐虞的事，把钦字都改作敬字，克字都改作能字，其余改的字很多，记古人的事，还要改用今字，难道记今人的事反要用古字么？又如六朝人喜作骈体文，但是译佛经的人，别创一种近似白话的文体，不过直译印度文与普通话不同罢了。后来禅宗，就全用白话。宋儒也是如此。可见记载与说明应用白话，古人已经见到，将来的人，自然更知道了。

美术文，大约可分为诗歌、小说、剧本三类。小说从元朝起，多用白话。剧本，元时也有用白话的。现在新流行的白话剧，更不必说了。诗歌，如《击壤集》等，古人也用白话。现在有几个人能做很好的白话诗，可以料到将来是统统可以用白话的。但是美术有兼重内容的，如图画、造像等。也有专重形式的，如音乐、舞蹈、图画等。专重形式的美术，在乎支配均齐，节奏调适。旧式的五、七言律诗与骈文，音调铿锵，合乎调适的原则，对仗工整，合乎均齐的原则，在美术上不能说毫无价值。就是白话文盛行的时候，也许有特别传习的人。譬如我们现在通行的是楷书、行书，但是写八分的，写小篆的，写石鼓文或钟鼎文的，也未尝没有。将来文言的位置，也是这个样子。

至于高等师范的学生，是预备毕业后做师范学校与中学校的教习的。中学校的学生虽然也许读几篇美术文，但练习的文不外记载与说明两种。师范学校的学生是小学校教习的预备, 小学校当然用白话文。照这么看起来, 高等师范学校的国文, 应该把白话文作为主要。至于文言的美术文, 应作为随意科, 就不必人人都学了。

(据《北京大学日刊》第490号, 1919年11月19日)

这篇演说, 虽然其对象是北京女子高等师范学校的学生们, 但刊登范围却颇为广泛。先是登于《北京大学日刊》(1919年11月19日), 接着又由《新生活》1919年第14期(1919年11月23日)、《北京女子高等师范学校文艺会季刊》1920年春季号分别刊出, 足可以见其影响力。蔡元培在这篇演说中着重谈到了对于国文的将来的看法, 提倡在社会中要多用白话文, 将白话文看作写应用文的工具, 将文言文归作美术文的范畴。

蔡元培和女学生们谈论的是当代文化的重大问题——白话文的兴起及影响。蔡元培在当时为什么会选择国文的将来这个课题呢? 这和当时的时代背景是息息相关的。蔡元培演讲时距离五四运动只有半年之久, 五四运动不仅带来了中国政治的大变革, 而且也带来了文化史意义上的重大变革, 其中就包括"白话文运动"。胡适等人特别提倡白话文, 希望用白话文来取代文言文, 而蔡元培虽然支持胡适等人, 但他的立场仍与这些"新进"仍然是有所区别的。所以蔡元培在演说中既对白话文会逐渐取代文言文成为人们使用的主要语言, 也对是否绝对排斥文言文持保留态度。这既表明蔡元培作为在旧式教育熏陶出来的知识分子对文言文的不舍的情结, 也表明了他在对待新生事物时敏锐的判断力。蔡元培希望将"应用文体"与"文学文体"分道而行。后者, 他用"美术文"的概念表示, 认为其中"或者有一部分仍用文言"。但是蔡元培在演说的最后又说"照这么看起来, 高等师范学校的国文, 应该把白话文作为主要。至于文言的美术文, 应作为随意科, 就不必人人都学了。"这样的用意还是在强调白话文的重要, 他谈国文问题, 实际上是要以白话文来代替文言文, 虽然蔡元培也认为可以有一部分用文言文做美术文,但是总体上来说希望以白话文作为将来的国文。这样的论述从总体上来看,是当时白话文运动大趋势的体现,但在具体的论述策略上却未尽完善,而且蔡元培将应用文就简单定位在"记载"与"说明"两种类型上,这种分类明显受实用主义与科学主义的影响,只追求文字的应用价值而忽视了文字本身所承载和蕴含的审美元素,与蔡元培一贯主张"大美育"的思想很不相符。蔡元培对待白话文和文言文的态度是新旧文化交替时各种文化理论尚没有明确科学的定论的体现。从蔡元培未能将思想中"文言是否绝对的被排斥,尚是一个问题"这个非常具有价值的问题深入研究,我们可以看出蔡元培这样一位学贯中西,有独立主见的学者在新的文化浪潮中也会有偏激的一面,体现了个人在社会历史发展的洪流中其思想会受到时代社会政治和文化环境的影响。

(二十二)《文化运动不要忘了美育》

现在文化运动,已经由欧美各国传到中国了。解放呵!创造呵!新思潮呵!新生活呵!在各种周报上,已经数见不鲜了。但文化不是简单,是复杂的;运动不是空谈,是要实行的。要透澈复杂的真相,应研究科学。要鼓励实行的兴会,应利用美术。科学的教育,在中国可算有萌芽了。美术的教育,除了小学校中机械性的音乐、图画以外,简截可说是没有。

不是用美术的教育,提起一种超越利害的兴趣,融合一种画分人我的僻见,保持一种永久平和的心境;单单凭那个性的冲动,环境的刺激,投入文化运动的潮流,恐不免有下列三种的流弊:(一)看得很明白,责备他人也很周密,但是到了自己实行的机会,给小小的利害绊住,不能不牺牲主义。(二)借了很好的主义作护身符,放纵卑劣的欲望;到劣迹败露了,叫反对党把他的污点,影射到神圣主义上，增了发展的阻力。（三）想用简单的方法，短少的时间，达他的极端的主义；经了几次挫折，就觉得没有希望，发起厌世观，甚至自杀。这三种流弊，不是渐渐发见了么？一般自号觉醒的人，还能不注意么？

文化进步的国民，既然实施科学教育，尤要普及美术教育。专门练习的，既有美术学校、音乐学校、美术工艺学校、优伶学校等，大学校又设有文学、美学、美术史、乐理等讲座与研究所。普及社会的，有公开的美术馆或博物院，中间陈列品，或由私人捐赠，或用公款购置，都是非常珍贵的。有临时的展览会，有音乐会，有国立或公立的剧院，或演歌舞剧，或演科白剧，都是由著名的文学家、音乐家编制的。演剧的人，多是受过专门教育、有理想、有责任心的。市中大道，不但分行植树，并且间以花畦，逐次移植应时的花。几条大道的交叉点，必设广场，有大树，有喷泉，有花坛，有雕刻品。小的市镇，总有一个公园。大都会的公园，不只一处。又保存自然的林木，加以点缀，作为最自由的公园。一切公私的建筑，陈列器具，书肆与画肆的印刷品，各方面的广告，都是从美术家的意匠构成。所以不论哪一种人，都时时刻刻有接触美术的机会。我们现在，除文字界稍微有点新机外，别的还有什么？书画是我们的国粹，都是模仿古人的。古人的书画，是有钱的收藏了，作为奢侈品，不是给人人共见的。建筑雕刻，没有人研究。在嚣杂的剧院中，演那简单的音乐、卑鄙的戏曲。在市街上散步，只见飞扬尘土，横冲直撞的车马，商铺门上贴着无聊的春联，地摊上出售那恶俗的花纸。在这种环境中讨生活，怎么能引起活泼高尚的感情呢？所以我很望致力文化运动诸君，不要忘了美育。

（据1919年12月1日《晨报副刊》）

开端于1915年的新文化运动以星星之火可以燎原之势席卷了整个中国上层文化，1919年更是新文化运动高涨的一年，不仅给社会政治以巨大的影响，而且在思想领域、生活领域也掀起了高潮，激进的文化革命人热切希望打倒以孔夫子为代表的封建专制文化，提倡自由和民主，强调科学教育。蔡元培作为文化运动的领袖，一个有远见卓识的教育家，一方面看到了新文化运动是符合时代发展趋势的，对新文化运动给予正面的肯定以及一定的支持和保护。另一方面他也能够透过表面现象把握事物内在的本质，及时引导运动沿着正确方向深入发展而不误入歧途，也即对文化运动推行科学教育的主张加以补足，认为科学教育与美术教育是相辅相成、不可偏废的。这是他写《文化运动不要忘了美育》的用意所在。

蔡元培敏锐地洞察到当时新文化运动中出现的和即将出现的弊端，如一些人只知空喊而不图实行、只玩花架子而不扎扎实实地工作的现象，指出文化运动重在实践；他针对文化运动中只见科学教育而缺乏精神教育而强调审美教育、艺术教育。呼吁国人要用复杂的思维来看待文化，要用实践的精神去从事运动。蔡元培指出要通过科学教育和美术教育的携手并进，尤其是普及美术教育来提高国民的情操，使之拥有一种超越利害的兴趣，保持一种永久平和的心境，这样才能让他们成为文明进步的国民，才能达到新文化运动的真正目的。但是当时的美育现状是令人痛心疾首的，当时的国粹书法没有创新，一直在师法古人；美的事物被上层阶级垄断，普通的民众接触的都是卑劣低俗的文化。所以，蔡元培希望从事文化运动的人不要忘记美育，且指出了中国美育的方向：既要学习西方，实行普及的美感教育，同时也要吸取教训，从中国文化的精髓中感悟美，并能够继往开来，推陈出新。蔡元培希望以普及美感教育来培养文明进步的国民，进而达到改造社会的目的的主张，不乏有美学的唯心主义倾向，但也有美感教育的功利主义思想，蔡元培一直有教育救国的教育理想，通过实施美育来促进国民的进步进而来促进社会的发展，即是他的美育功利主义思想的体现。在当时的时局下，蔡元培提出重视美育、普及美育的思想对于只重视科学教育，用简单的思维来看待文化的人无异于当头棒喝，使人醍醐灌顶，有利于美育的进步。

（二十三）《中学的教育》

我在北京的时候，早知道贵校很有声名的。今天承贵校欢迎，得与诸君谈谈，很觉愉快。但是因为时间仓卒，没有预备，只好以短时间谈一谈中学的教育。

一般办中学的人，大都两种观念：第一是养成中坚人物；第二是预备将来升学。所谓养成中坚人物的，就是安排他们在中学毕业之后，马上就可以去到社会上做事。其实，中学所得的知识很浅，并不能够应用他去做特殊的事业，纵然可以做一点儿，也不过很平常、平常的，甚至变做一个中等游民，也不稀奇的。除了当当绅士之外，简直无所措手足。所以说，要养成中坚人物很难能的了。

德国的学制，文实分科。中古时代，文科注重拉丁、希腊文，以后科学渐渐发明，始趋重理、数各科，并且因为趋重活的文学的关系，所以把拉丁、希腊的死文学通通去掉了。实科注重理、数各科，但是后来也渐渐地趋重哲学、外国文……又有注重医学的。到了后来，还有些学校对文实两种双方并重的，简直可以说是文实科。照这样看起来，学文科的不能不兼重实科的科学；学实科的同时也不能不兼重文科的科学。这样分科的制度，都是想要达到上面所述的那两个目的。

日本的学制，是仿照德国的，并且把他越弄越笨了。他把中学的目的完全看作养成社会中坚人物，所以在中学的上面有高等学校，为入大学的预备学校。

中国的学制，又纯从日本抄袭出来的，大略与日本相仿佛。因为中学程度不能直接升入大学，所以大学设有预科。但是总计小学、中学的年限共有十一年了，加上大学预科二年，共有十三年，才能达到大学的本科，时间已觉得太长，现在还想在中学加增年限，那就更不经济了。所以有人主张文、实分科，但也未见得就是顶好的法子。譬如大学原来是采分科制的，然而现在也觉得不十分便当，想要把他变通，去掉分科制，何况中学呢。比方文科的哲学，离不掉生物学、物理学、化学……因为不如是，那范围就未免太小。学理科的人，也不能不知道哲学；学天文学的人，更加不能不知道数学以及其他科学，况且我们应当具有宇宙观的。所以学实科的人，也要知道文科的科学。当然，学其他科的，除对于所专攻的科学以外，有关联的各科，也要达到普通的程度，不能单向一方进行，所以中学要想文、实分科，非常困难。但是，现在已经把国文改为白话，可以免掉专攻国文的工夫，同时可以省得多少时间。外国话一项，普通一般都教些文学书，我以为可以不必专读几本文学书，尽可读些科学读本，如游记……一方面可以学习外国语，他方面可以兼得科学上的知识，把这些所省的时间和精力，去普遍研究科学，年限和分科都不成什么顶难解决的问题了。

外国中学不专靠教科书，常常从书本以外，使学生有自己研究的余地，所以他读的是有用的，是活的科学，毕业以后，出来在社会上做事，很不费力。但是有一种通病，恐怕无论那国都差不多，所有的教科书，每每不能学完，一方面固然是教员没有统计预算，但他方面还是为着学生没有自己研究的能力，没有自动的精神，所以弄得毕业之后，又不能进大学，简直没有一点事可以干，恰成一个游民。

日本中学是预备做中等社会的人，造成一般中坚分子，倘若自量他的能力不能够入大学毕业，就可不进中学，免得枉费光阴，他便一直入中等实业学校——甲种实业学校，毕业出来，可以独立谋生活，比较我们中国中学毕业生仅仅做一个游（民）那就好多了。所以我说中学的目的，只是惟一的预备升学。

但是进中学的时候，自己就要注重个人自修，预备将来可以升什么学校。中学生在修业时代，最紧要的科学有三种，分述如下。

（一）数学 因为我们无论将来是进哪一科，哲学或者是文学，通通离不掉数理的羁绊，至于讲到理、数各科，工、农、商科，更不消说了。

（二）外国语 因为中学科学不甚发达，大半都是萌芽时代，要学高深科学，非直接用原本不行，而且在中学时不注意外国语，以后更难了。

（三）国文 我们是中国人，对于本国文学，当然要具有普通的学识，但是不要学什么桐城派，四六文，……只要对于日常用的具备和发表自己的思想毫无阻碍就够了。

以上这三种，对于升学很有关系，很须注意。但是都不纯粹靠教室内听听时候所能了事的，还是看各个人自修的功夫何如，所以我很希望诸君在课外还要特别留心才是。

我今天所讲的，不是专指贵校说的，是泛论中学的教育，供你们参考罢了。

（邓光禹笔记）

（据长沙《大公报》1920年11月9、10日）

1920年10月底，蔡元培先生应湖南省教育会之邀来湘参加"学术讲演会"。在长沙岳云中学的这篇《中学的教育》就属于其中的演说之一。蔡先生在演讲中着重讲了两个方面的问题：第一是中学办学宗旨和教育目的。蔡元培认为当时各国中学的教育目的一般有两种，一种是养成中坚人物；另外一种是预备将来升学。蔡元培介绍了德国和日本中学的学制情况，并分析了其利弊得失，蔡元培强调中学不能分科，学文科应该了解实科科学，学实科也应该兼重文科科学，这种科学教育和人文教育相结合，文实相结合的教育是有利于培养学生的全面素养的。蔡元培认为由于到中学毕业时学生的受教育年限短，不足以成为社会的中坚力量，那么中学的教育目的只有一个，就是为升学做预备，为将来继续接受更高的教育打好基础。这个观点现在看来有失偏颇。中学教育的功能和定位应该是多方面的，而不能仅仅只有升学一个目的，如果仅仅只有升学一个目的的话，就我们当前教育而言，容易演变成应试教育。第二是中学学习最要紧的学科。蔡元培认为中学最要紧的学科是数学、外国语和国文。这种重视基础学科的思想值得我们重视。蔡元培还认为应该把课内教育和课外教育相结合，要求学生自主自动地学习，也是非常有积极意义的。

（二十四）《普通教育和职业教育——在新加坡南洋
华侨中等学校欢迎会的演说词》

兄弟已经几次到过新嘉（加）坡了，今天得有机会，和诸位共话一堂，实在荣幸得很！只是今天没有什么预备，所以不能有多少贡献，还望诸君原谅。

在座诸君，大半是学界中人，因此可知这里的学校多了。我今天就把普通教育和职业教育说一说。刚才从中学校来，知道中学内有商科一班，这却是职业教育的性质，不在普通小学校或中学校的普通教育范围以内。

普通教育和职业教育，显有分别：职业教育好像一所房屋，内分教室、寝室等，有各别的用处；普通教育则像一所房屋的地基，有了地基，便可把楼台亭阁等建筑起来。故职业教育所注重的，是专门的技能或知识，有时研究到极精微处，也许有和日常生活绝不相干的情形。例如研究卫生的，查考起微生虫来，分门别类，精益求精，有一切另外的事都完全不管的态度。这是从事专门学问的特异点。

可是我们要起盖房子时，必得先求地基坚实，若起初不留意，等到高屋将成，才发见地基不稳，才想设法补救，已经来不及了。我刚才讲过普通教育好像房屋的地基一样，所以教育者和被教育者，都要特别注意才是。现今欧美各大学中的课程，非常严重，对于各种基本的知识，差不多不很注意了。为什么呢？因为学生在中小学的时代，早已受了很重的训练，把高深学术的基础筑固了，入大学时自然不觉得困难。若在中小学内，并没有建筑好基础，等到自悟不够时，再要补习起来，那就很不容易了。

因此前年我国审查教育会，把普通教育的宗旨，定为：（一）养成健全的人格；（二）发展共和的精神。

所谓健全的人格，内分四育，即：（一）体育，（二）智育，（三）德育，（四）美育。

这四育是一样重要，不可放松一项的。先讲体育，在西洋有一句成语，叫做健全的精神，宿于健全的身体。足见体育的不可轻忽。不过体育是要发达学生的身体，振作学生的精神，并不是只在赌赛跑跳或开运动会博得名誉体面上头，其所以要比赛或开运动会，只是要引起研究体育的兴味；因恐平时提不起锻炼身体的精神，故不妨常和人家较量较量。我们比不过人家时，便要在平常用功了。其实体育最要紧的，是合于生理。若只求个人的胜利，或一校的名誉，不管生理上有无危险，这不要说于身体上有妨害，且成一种机械的作用，便失却体育的价值了。而且只骛虚名，在心理上亦易受到恶影响。因为常常争赛的结果，可使学生的虚荣心旺盛起来；出去服务社会，一切举动，便也脱不了虚荣心的气味，这是贻害社会不浅的。不过开运动会和竞技等，在平时操练有些呆板乏味时，偶然举行一下，倒很可能调剂机械作用。因变化常态而添出兴趣，是很好的，只要在心理上使学生彻底明白体育的目的，是为锻炼自己的身体，不是在比赛争胜上，要使他们望正鹄做去。

次讲智育，案我们教书，并不是像注水入瓶一样，注满了就算完事。最要是引起学生读书的兴味。做教员的，不可一句一句、或一字一字的，都讲给学生听。最好使学生自己去研究，教员竟不讲也可以，等到学生实在不能用自己的力量了解功课时，才去帮助他。至于常用口头的讲授，或恐有失落系统的毛病，故定出些书本来，而定书本也要看学生的程度，高下适宜才对。做学生的，也不是天天到校把教科书熟读了，就算完事，要知道书本是不过给我一个例子，我要从具体的东西内抽出公例来，好应用到别处去。譬如从书上学到菊花、看见梅花时，便知也是一种植物；从书上学得道南学校、看见端蒙学校，便也知道是什么处所；若果能像这样的应用，就是不能读熟书本，也可说书上的东西都学得了。

再现在各学校内，每把学生分为班次，要知道是不得已的办法，缘学生的个性不同：有的近文学，有的喜算术等；所以各人于各科进步的快慢，也不能一致，但因经济方面，或其他的关系，一时竟没法子想。然亦总须活用为妙。就是遇有特别的天才的，总宜施以特别的教练。在学生方面，也要自省，我于那几科觉得很困难的，须格外用功些，那几科觉得特别喜欢的，也不妨多学些。总之，教授求学，两不可呆板便了。

至于德育，并不是照前人预定的格言做去就算数。有些人心目中，以为孔子或孟子所讲的总是不差，照他们圣人的话实行去，便是有道德了；其实这种见解，是不对的。什么叫道德，并不是由前人已造成的路走去的意义，乃是在不论何时何地照此做法，大家都能适宜的一种举措标准。是以万事的条件不同，原理则一。譬如人不可只爱自己，于是有些人讲要爱家，这便偏于家庭；或有些人提倡爱群，又偏于群的方面了。可是他的原理，只是爱人一语罢了。故我们要一方考察现时的风俗情形，一方推求出旧道德所以酿成的缘故，拿来比较一下。若是某种旧道德成立的缘故，现在已经没有了，也不妨把他改去，不必去死守他。我此刻在中学校看见办有图书馆、童子军等，这些事物，于许多人很适宜，于四周办事人亦无妨害，这便不是不道德。总之，道德不是记熟几句格言，就可以了事的，要重在实行。随时随地，抱着试验的态度，因为天下没有一劳永逸的事情，若说今天这样，便可永远这样，这是大误。要随时随地，看事势的情形，而改变举措的标准。去批评人家时，也要考察他人所处的环境怎样而下断语才是。

第四美育，从前将美育包在德育里的，为什么审查教育会，要把他分出来呢？因为晚近人士，太把美育忽略了，按我国古时的礼乐二艺，有严肃优美的好处。西洋教育，亦很注意美感的。为要特别警醒社会起见，所以把美育特提出来，与体智德并为四育。

美育之在普通学校内，为图工音乐等课。可是亦须活用，不可成为机械的作用。从前写字的，往往描摹古人的法帖，一点一划，依样葫芦，还要说这是赵字哪，这是柳字哪，其实已经失却生气，和机器差不多，美在哪里？

图画也是如此，从前学子，往往临摹范本，圆的圆，三角的三角，丝毫不变，这亦不可算美。现在新嘉（加）坡的天气很好，故到处有自然的美，要找美育的材料，很容易。最好叫学生以己意取材，喜图画的，教他图画；喜雕刻的，就教他雕刻；引起他美的兴趣。不然，学生喜欢的不教，不喜欢的硬叫他去做，要求进步，很难说的。像儿童本喜自由游戏，有些人却去教他们很繁难的舞蹈，儿童本喜自由嬉唱，现在的学校内，却多照日本式用1234567等，填了谱，不管有无意义，教儿童去唱。这样完全和儿童的天真天籁相反。还有看见西洋教音乐，要用风琴的，于是也就买起风琴来，叫小孩子和着唱。实则我们中国，也有箫笛等简单的乐器，何尝不可用？必要事事模仿人家，终不免带着机械性质，于美育上，就不可算是真美。

以上四育，都宜时时试验演进，要一无偏枯，才可教练得儿童有健全的人格。

学校教育注重学生健全的人格，故处处要使学生自动。通常学校的教习，每说我要学生圆就圆，要学生方就方，这便大误。最好使学生自学，教者不宜硬以自己的意思，压到学生身上。不过看各人的个性，去帮助他们作业罢了。但寻常一级的学生，总有二十人左右，一位教员，断不能知道个个学生的个性，所以在学生方面，也应自觉，教我的先生，既不能很知道我，最知我的，便是我自己了。如此，则一切均须自助才好。大概受毕普通教育，至少要获得地平线以上的人格，使四育平均发展。

又我们人类，本是进化的动物，对于现状常觉不满足的。故这里有了小学，渐觉中学的不可少，办了普通教育，又觉职业教育的不可少。南洋是富于实业的地方，我们华侨初到这里的，大多数从工事入手以创造家业。不过发大财成大功的，都从商务上得来。商业在南洋，的确很当注意的，这里的中学，就应社会的需要，而先办商科。然若进一步去研究，商业的发达，必借原料的充裕，那原料，又怎样能充裕呢？不消说，全在农业的精进了。农业更须种种的农具，要求器械的供给，又宜先开矿才行，这又侧重到工艺上头。按我国制造的幼稚，实在不容不从速补救。开了铁矿自己不会炼钢，却将原料卖给别国，岂不可惜？若精了制造术，便不怕原料的一时跌价，因为我们能自己制造应用品出售，也可不吃大亏啦。

照现在的社会看来，商务的发达，可算到极点了，以后能否保持现状，或更有所进步，这都不能有把握。万一退步起来，那么，急须从根本上补救。像研究农业和开工厂等，都足为经商的后盾，使商务的基础，十分稳固，便不愁不能发展。故学生中有天性近农近工的，不妨分头去研究，切不可都走一条路。

农商工的应用，我们都知道了。但在西洋，这三项都极猛进。而我国自古以农立国，工业一途，亦发达极早。何以到了今日都远不如他们呢？这便因他们有科学的缘故。一个小孩子知识未足时，往往不知事物的源本。所以若去问小孩子，饭是从那里来的？他便说"从饭桶里来的"。聪明些的，或能说"从锅子里来的"。都不能说从田里来的。我国的农夫，不能使用新法，且连一亩田能出多少米，养活多少人，都不能计算出来，这岂不是和小孩子差不多么？故现在的学生，对于某种科学有特别的兴味的，大可去专门研究。即如性喜音乐的，将来执业于社会，能调养他人的精神，提高社会的文化，也尽有价值，尽早自立。做教师的，不妨去鼓舞他们，使有成功。总之，受毕普通教育，还要力图上进，不可苟安现状。若愁新洲没有专门学校，那可设法回国，或出洋去。

我最后还有几句关于女学校的话要说：这里的学校，固已不少，但可惜还没有女子中学。刚才在中学时，涂先生也曾提及这一层。我想男女都可教育的，况照现在的世界看来，凡男子所能做的，女子也都能做。不过我国男女的界限素严，今年内地各校要试办男女合校时，有许多人反对。若果真大众都以为非分校不可，那就另办一所女子中学也行。若经济问题上，不能另办时，我看也可男女合校的。在美国的学校，大都男女兼收，虽有几校例外，也是历来习惯所致。在欧洲还有把一校划分男女二部的，这也是一种方法。总之，天下无一定不变的程式，只有原理是不差的。我们且把胆子放大了，试试男女合校也好。若家庭中父兄有所怀疑时，就可另办一所女子中学，或把男子中学划分二部，或把讲堂上男女座位分开，便极易办到了。这女子中学一事，只要父兄与学生两方面，多数要求起来，我想一定可以实现的。我今日所说的，就是这些了。

（陈安仁、夏应佛笔记）

（据《北京大学日刊》1921年1月7日）

　　本文开篇就指出普通教育和职业教育的不同，蔡元培把职业教育比作房屋，把普通教育比作地基，这个比喻形象地表明了职业教育与普通教育的差异：职业教育注重的是专门的技能或知识，而普通教育注重的是基础。蔡元培非常重视普通教育的作用，认为普通教育的教育目的是养成健全的人格和发展共和的精神，健全的人格分体、智、德、美四育。继而文章具体分析了学校在实施这四育过程中所出现的问题和误解，要求教育者端正教育态度，要遵循教育规律，例如进行体育要合于生理，在对学生进行智育时要尊重学生的主体性，培养学生的主动精神。总而言之，对"四育"不能机械对待，强调学生的主动性和独立精神。认为"四育"要"平均发展"，"一无偏枯"，使学生完成普通教育后能"获得地平线以上的人格"。要注意蔡元培说的四育要平均发展并不是指要在这四育上平均用力，而是根据学校和学生的实际情况灵活地处理，但是不能重视某育而轻视其他。蔡元培当时的这些教育主张对当前我国改革应试教育，推行素质教育，培养全面发展的人，培养学生的创新精神都有一定的启示意义。

　　随后联系南洋社会及教育发展的实际，蔡元培强调了职业教育的重要性，认为职业教育可以促进农商工实业的发展，主张学生"对于某种科学有特别的兴味的，大可去专门研究"。这种把培养专家和培养通才同等对待的教育理念也是有着积极意义的。最后，蔡元培还谈到了女子教育问题，阐述了创办女子中

111

学和男女合校的主张，这体现了其男女平等的教育思想，具有时代的进步性。

（二十五）《对于师范生的希望》

在今日看来，无论中外，男女都要受教育，并是所受的教育都要一样的。从前的人以为所学的科学不必相同，有女子须学而男子不应学者，有男子须学而女子不应学者，于是学校有男女之别。社会情形改变，家庭情形亦随之改变：从前只有男子在社会上做事，女子毫不负责任，近年来女子常常代男子做许多社会事业，譬如欧战发生以后，男子都从军去了，女子乃不得不在社会上做事。塞尔维亚的女子也有从军的。照这样看来，男女所做的事，应该相同。中国的教育，男女学校不是平行发达：男子有专门学校，有大学校，女子没有，所以北京大学实行男女同学。中国有男子师范、女子师范，但男女师范之分离，并不是程度上的关系，并不是功课上的关系，不过因仍旧习惯罢了。

师范的性质与中学不同：小学毕业后还要升学；师范毕业，就要当教员。师范是为培植将来的小学教员。诸位是将来的教员，不可不注重学校中一切的科学。中学各科有各科的教员，教师或只教一种科学，小学则不然。小学内常常以一人兼教各种科学。初等小学常以一人兼学校中一切科学，如手工、图画、音乐、体操，所以一个师范生可以办一个小学。师范生的程度，必须各科都好，才能担负这种责任。小学教师正像工人一样，工人的各种器具都完备，才能制造各种东西，小学教师的各种科学都完善，才能得良好的小学教育。所以师范生须兼长并进，不能选此舍彼。

现在的学校多实行选科制，但这种制度只能行之于高等以上的学校，并且学生只有相对的选择，无绝对的选择，除必修科以外的科学，才有选择权。北京大学现行这种制度，如入化学科，有三分之二是必修科，余者可自由选择。又如在每门选一种或几种科学，而不专习某科者谓之旁听生，修业期限无定，学校亦不发毕业证书。学生所选的科学必须经教员审定，因教员知道选何者有益，选何者无益，如走生路，若无人指引，易入歧路。总而言之，高等教育方行选科制，但须教员认定。

普通教育不能行选科制，只可采用选科精神。从前的学生有因一二种科学不及格而降班者，譬如甲长于图文而算术不好，因算术不好降入低年级，使他的国文也不能随高年级听讲。这种办法很不公平。遇了这种情形可用选科的精神，就是甲算术不好，乙国文不好，可令甲乙二人在低年级听算术国文，其余的科学仍随高年级听讲。普通教育，选科的程度至此为止，普通师范学校当然也是这样。

师范生对于各科的知识，必须贯通，各有心得，多看参考书，参观实在情形，心身上才有利益。怎么叫作师范？范就是模范，可为人的榜样。自己的行为要做别人的模范，所以师范生的行为最要紧。模范不是短时间能成就的，须慢慢的养成。

学校内的规则不许你们这样，或不许你们那样，这是消极的。学生知道这些规则对于我们有益，我情愿遵守，才肯入校。所以学校的规则可说不是学校定的，是你们自己定的。学校的规则如很不方便，可求改良，但不得忽然破坏规则。教室内无规则，就没有秩序，你们当教员的时候愿看见这种情形么？

五四以后，社会上很重视学生，但到了现在，生出许多流弊。学生以自己为万能，常常想去干涉社会上的事和政治上的事。如果学校内有一部分人如此，其他部分想用功的人也决不能用功了。欧战以来，各国毕业生有许多当兵者，但未毕业的仍旧求学。不求学，专想干涉校外的事，有极大的危险。国家的事不是学生可以解决的，学生运动不过要提醒外界的人，不是能直接解决各种问题。所以用不着常常运动。

五四运动发源于北大，当时这种运动，出于势不得已，非有意干涉政治。现在北大的学生决不肯轻易干涉政治上的事。为什么缘故呢?(一)因学问不充足,办事很困难,办事须从学问上入手,不得不专心求学。(二)觉得中国政治问题层出不穷,若常常干预,必至无暇用功。我出京的时候,他们专心求学以外,只办平民学校,不管别的事情了。

　　小学教员在社会上的位置最重要,其责任比大总统还大些。你们在学校中如有很好的预备,就能担负这责任,有益于社会真不浅呵!

(据《北京大学日刊》1921年2月24日)

　　1920年10月,蔡元培在湖南省立女子师范学校发表《对于师范生的希望》的演说,这是蔡元培在湖南的第6次讲演,在这篇演说中蔡元培表达了对女子教育和师范教育的看法。

　　蔡元培认为女子应该和男子接受同样的教育,表达了对女子受教育权的关注,有助于教育平等。接着蔡元培谈及他对师范学校培养目的和课程设置的看法。蔡元培认为师范学校的宗旨就是培养未来的小学教师,那么就应该让学员学习全面的课程。因为小学一般是一个教师教所有学科,这对教师的知识结构提出了非常全面的要求,如果教师的知识结构不合理,只注重一科而忽视其他科的话,则难以胜任小学的教学。蔡元培认为小学教师必须是通才型教师,在通才的基础上兼长并进,不能顾此失彼,这对于我们今天培养小学教师也是有很大的启示意义的。小学教育是基础教育的基础,是为学生的人生发展奠定基础的,因为小学生的未成熟性以及易受影响性,加上现在我们实行新的课程改革,小学有很多综合课程,这些都对小学教师的知识素养提出了很高的要求,我们必须在师范院校培养通才型的教师,这要求师范院校的课程设置必须合理,让师范生能够广泛涉猎,博采众长,具有宽厚的多学科素养,这样才能够具备做小学教师的知识基础。

　　接着蔡元培谈到了他对选科制的看法,蔡元培认为高等学校可以采用选科制，但即使在高等学校，这种选科制也是有一定限定的，也就是说学生并没有绝对的选择权。蔡元培接着介绍了北京大学的选科制度。蔡元培认为对于普通教育则不能实行选科制，但可采用选科精神，也就是根据学生的接受能力和思维发展程度以及某个学科的知识掌握情况灵活地调整教育，学生不好的学科可降班就读，学得特别出色的学科可升班就读。这种尊重儿童的个性，让教育适应儿童的做法是符合教育规律的，也是值得我们借鉴的。因为普通教育不能实行选科，而普通师范学校是为普通教育输送教师的，也不能实行选科制。蔡元培担心实行选科制会让师范生的知识结构不合理，而不能胜任全科的教学工作。

对于师范生的知识素养的培养上，蔡元培主张让学生兼长并进，蔡元培要求师范生对于知识要融会贯通，要有自己的心得体会，要将理论和实践结合起来，将书本知识和个人的参观结合起来，这样才有利于师范生的身心发展。除了注重师范生全面的知识素养外，他还注重培养师范生的道德修养，要求师范生注重良好行为习惯的培养，要做别人的示范，要为人师表。而良好的道德修养和行为习惯并不能一蹴而就，因此，它是一个长时间的积淀和养成的过程。蔡元培注重对师范生职业道德的养成教育，这对于我们今天如何培养教师是有很重要的启示，即师范院校应该注重对未来教师职业伦理的培养，一个没有深厚职业伦理道德修养的教师是不可能成为一个好教师的。高师院校应该在日常的教育教学中，从点点滴滴培养学生的良好职业道德修养，要对学生进行养成教育。

此外，蔡元培还告诫学生要遵守规则，学生要以求学为主，不要轻易去干涉政治上的事情，这种想法固然是好的，但是在当时社会动荡的情况下，学生很难安心坐在教室里学习，也说明只有社会和平稳定，才能给学生创造一个良好的学习环境。最后蔡元培表达了他对师范教育重要性的看法。蔡元培认为小学教员的责任比大总统还大，这是因为小学教师肩负着为未来国家培养新生力量的重任，如果师范生们能够在学校中发展得很好，准备充分，那么他们就会不辱使命，能够担负责任，也会有利于社会的进步。蔡元培重视师范教育，重视小学教师对于社会发展的重要作用的看法对于我们今天发展师范教育，进一步推动社会发展，为21世纪培养更多更好的人才具有重要启示。

（二十六）《教育独立议》

教育是帮助被教育的人，给他能发展自己的能力，完成他的人格，于人类文化上能尽一分子的责任；不是把被教育的人，造成一种特别器具，给抱有他种目的的人去应用的。所以，教育事业当完全交与教育家，保有独立的资格，毫不受各派政党或各派教会的影响。

教育是要个性与群性平均发达的。政党是要制造一种特别的群性，抹杀个性。例如，鼓励人民亲善某国，仇视某国；或用甲民族的文化，去同化乙民族。今日的政党，往往有此等政策，若参入教育，便是大害。教育是求远效的；政党的政策是求近功的。中国古书说："一年之计树谷；十年之计树木；百年之计树人。"可见教育的成效，不是一时能达到的。政党不能掌握政权，往往不出数年，便要更迭。若把教育权也交与政党，两党更迭的时候，教育方针也要跟着改变，教育就没有成效了。所以，教育事业不可不超然于各派政党以外。

教育是进步的：凡有学术，总是后胜于前，因为后人凭着前人的成绩，更加一番工夫，自然更进一步。教会是保守的：无论什么样尊重科学，一到《圣经》的成语，便绝对不许批评，便是加了一个限制。教育是公同的：英国的学生，可以读阿拉伯人所作的文学，印度的学生，可以用德国人所造的仪器，都没有什么界限。教会是差别的：基督教与回教不同，回教又与佛教不同。不但这样，基督教里面，天主教与耶稣教又不同。不但这样,耶稣教里面,又有长老会、浸礼会、美以美会等等派别的不同。彼此谁真谁伪,永远没有定论,只好让成年的人自由选择。所以各国宪法中,都有"信仰自由"一条。若是把教育权交与教会,便恐不能绝对自由。所以,教育事业不可不超然于各派教会以外。

但是,什么样可以实行超然的教育呢?鄙人拟一个办法如下。

分全国为若干大学区,每区立一大学;凡中等以上各种专门学术,都可以设在大学里面,一区以内的中小学校教育,与学校以外的社会教育,如通信教授、演讲团、体育会、图书馆、博物院、音乐、演剧、影戏……与其他成年教育、盲哑教育,等等,都由大学办理。

大学的事务,都由大学教授所组织的教育委员会主持。大学校长,也由委员会举出。

由各大学校长组织高等教育会议,办理各大学区互相关系的事务。

教育部,专办理高等教育会议所议决事务之有关系于中央政府者,及其他全国教育统计与报告等事,不得干涉各大学区事务。教育总长必经高等教育会议承认,不受政党内阁更迭的影响。

大学中不必设神学科,但于哲学科中设宗教史、比较宗教学等。

各学校中,均不得有宣传教义的课程,不得举行祈祷式。

以传教为业的人,不必参与教育事业。

各区教育经费,都从本区中抽税充用。较为贫乏的区,经高等教育会议议决后,得由中央政府拨国家税补助。

注:分大学区与大学兼办中小学校的事,用法国制。

大学可包括各种专门学术,不必加法、德等国别设高等专门学校,用美国制。

大学兼任社会教育,用美国制。

大学校长,由教授公举,用德国制。

　　大学不设神学科,学校不得宣传教义与教士不得参与教育,均用法国制。瑞士亦已提议。

　　抽教育税,用美国制。

(据《新教育》第4卷第3期,1922年3月出版)

　　《教育独立议》诞生于1922年初,它的发表标志着20世纪20年代中国教育界"教育独立"思潮和运动的兴起。它继续了《对于新教育之意见》中对于教育性质的阐述,因此可以将其与《对于新教育之意见》看作是蔡元培阐发其教育哲学思想的姐妹篇。

　　虽然同样是阐发对于教育性质的理解,但是显而易见,相对于1912年为新政权立"新教育"时的满心期待与热情四溢,1922年的蔡元培只是无奈地为教育寻求最基本的发展要求。这一切的转变来自于时局形势的变化。当时蔡元培目睹了北京政府的腐败,深感经济危机之苦、军阀割据之乱,也亲历官僚各派及各种势力对于教育的干扰和倾轧,蔡元培力图通过其"超轶于政治"的教育观,阐述教育与政治的合理关系,以反抗官僚、政党对于教育的影响和制约。

　　《教育独立议》一文可分为三个部分。第一部分总论何为教育以及对待教育应有的态度。第二部分具体制定了创办学校的方法,即实行大学区制和教授治校,大学中不设神学科,各区教育经费从本区税收中供给。第三部分以注解的形式对各种方法的操作和实施做了具体的规定。

　　文章的开始,蔡元培阐述了对于教育性质和宗旨的看法,"帮助被教育的人,给他能发展自己的能力,完成他的人格,于人类文化上能进一分子的责任;不是把被教育的人造成一种特别器具,给抱有他种目的人去应用"。不知道读到此处的读者们会不会迷惑,前一篇《对于新教育之意见》中蔡元培不是认为教育的性质应"超轶"于政治吗? 为何此处又成为"独立"于政治了呢? 这是因为,两文理论的重心和目的有所不同。《意见》主要是从教育自身的含义来阐释教育的宗旨,论述其"超轶政治"的性质。《独立议》则更多是从教育事业与政党、宗教的关系区分上来阐释作为整体的教育事业,与政党、宗教在目的性之上的差别,从而实现教育组织形式的独立,以确保教育"超轶政治"的本性。

因此,"教育独立"思想的核心,是要求教育作为一项社会活动,摆脱来自于政权、宗教的干扰,单纯地从传承人类文明、谋求世界进步、完善身心发展的"超然"的高度,实现相对自主独立的运行状态。蔡元培在文章的后半篇,设计了实现教育独立的方案,其实质就是将教育事业完全交给教育家。具体而言,就是实行"大学区制"。

"大学区制"是一种引进于法国的教育行政体制,参照于美国、德国制度,进行了适量调整。这一制度的核心就是大学在从事高等教育教学工作的同时,担负学区教育行政管理工作。按照蔡元培的设想,每一个省设立一个"大学区",包括一个完整的学制系统及社会教育的组织和形式,而所有的教育层级和类型都由该区唯一的大学来统筹管理,大学的事务则由教授组成的"教育委员会"来负责,校长由教授委员会选举产生,统筹全区教育事务。教育部只是承担大学与中央政府的联系工作。教育经费由各区的税收承担,以此确保教育事业的独立运行。其核心就是由教育家来办教育,排除行政系统的干预,实现"教育独立"。

毫无疑问,蔡元培的"教育独立"观点在当时的社会条件下具有很高的思想价值,凸显了教育尤其是大学教育需要思想学术自由的基本理念,影响深远。然而,正处于政局动荡、军阀割据中的中国不具备实现这一构想的社会基础,所以蔡元培这一设想非但没有奏效,反而在特定的社会政治环境中,使教育越来越流于附庸境地。因此,这一方案提出后,社会反应冷淡,不解甚至不满者也大有人在。而此后"大学区"制付诸实践后的结果也验证了这一主张的"理想化"的缺陷。

1927年6月，蔡元培出任大学院长，这一职务为他提供了变更教育行政制度、实践大学区制的机会。以大学区的校长行使省教育厅长职能，实现教育、学术统一的教育行政改革开始实施。这一制度首先在江苏和浙江试行，待运行平稳后逐渐向全国推广。

然而，令蔡元培始料未及的是，大学区一旦移植到中国的大地，即成为"逾淮之橘"，表现出严重的水土不服。江苏大学区在执行其教育行政职责中，不断遭受非议和否定，无日不在扰攘中。人们批评大学区导致大学教育畸形发展，偏重学术而忽略教育，行政效率低下，且为少数人所控制，没实现政治学术化，反而使教育官僚化。这样的反映和混乱是蔡元培始料未及的，对于是否即刻实行北平大学区，蔡元培主张审慎，与另一位推广大学区制的负责人产生了分歧，从而在北平大学区引发了更大的风潮，并最终影响大学区制的进展。最终，国民政府于1929年宣布停办大学区，大学院改为教育部。蔡元培为实现"教育独立"主张而设计的实践方案在中国彻底宣告失败。

教育属于国家大政治之一，在当时中国的社会条件下欲使其独立于行政，不啻于天方夜谭。以蔡元培的学识和阅历也不会困昧于此。然而，蔡元培苦苦坚守的，是教育本有的对于民族、国家甚至人类所具有的特殊恒定的功能，充分尊重并保障其固有规则的运行，避免各种意识形态对其的干扰和伤害，使其功能获得最大化的实现。这是蔡元培撰成此文的根本目的。从社会现实来看，蔡元培这一主张缺乏实现基础；从教育本身发展的角度来看，这一主张十分必要。